Buchbeschreibung:

Die Dunkelheit ist ein tückisches Miststück.

Sie überwältigt dich, wenn du nicht damit rechnest, nur um dich dein restliches Leben zu quälen.

Doch eigentlich ist es nicht die Dunkelheit, die dir zusetzt, sondern das Gefühl, selbst dafür verantwortlich zu sein und deine Entscheidungen nicht ändern zu können. Nie wieder. Du musst damit leben, am besten allein.

Shawn Dawson, genannt Rage, lebt nur für eines: das Kämpfen.

Die Mixed-Martial-Arts-Szene, in der er sich bewegt, liegt ihm zu Füßen. Und doch ist er einsam in der selbst geschaffenen Dunkelheit, die ihn umgibt.

Als Lauren in sein Leben platzt und von Anfang an keine Scheu hat, sich gegen ihn durchzusetzen, empfindet er zum ersten Mal nach vielen Jahren wieder etwas. Ein Gefühl, das sich, einmal an die Oberfläche gestoßen, nicht mehr unterdrücken lässt.

Doch nicht nur Shawn hat mit seiner Vergangenheit zu kämpfen. Auch Lauren ist aus einem ganz bestimmten Grund in die Szene eingestiegen, und dieser hat ganz sicher nichts mit Rage Dawson zu tun.

RAGE

Fight for Desire

Von Rose Bloom

Bitte beachtet: Erfundene Figuren müssen sich nicht um Verhütung oder Krankheiten kümmern! Das sieht in der Realität allerdings anders aus, deshalb seht dieses Buch in diesem Thema nicht zu eng.
Außerdem finde ich englische Nachnamen wie Keys, Brown oder Archer klingen besser als Müller, Schmitt oder Schneider. Aus diesem Grund habe ich mich entschieden, dass meine Protagonisten diese tragen dürfen.

1. Auflage, 2017

Rose Bloom
c/o Papyrus Autoren-Club
Pettenkoferstr. 16-18
10247 Berlin

info@rose-bloom.de

Lektorat: Natalie Röllig, Lektorat Bücherseele
Coverdesign: Shutterstock, Grafik Poet

We are all broken,
that's how the light gets in.

Für alle meine Leser.

Songtitel zum Buch

Nur eines ist zu beachten:
Gute Musik hört man laut!

Spotify:
RAGE – Fight for Desire / Rose Bloom
**spotify:user:21ykvmhgyupb7ya4eu4fsotzy:p
laylist:32U0VgXlrYdNMM98VbKB2X**

Youtube:
RAGE – Fight for Desire / Rose Bloom
**https://www.youtube.com/playlist?list=PLr8dC9bw
9uNFbANNkyuZtHdOAwhr9UYf3**

	Interpret	Titel
Prolog	Kaleo	Way Down We Go
Kapitel 1	3 Doors Down	Away From The Sun
Kapitel 2	Rolling Stones	Sympathy For The Devil
Kapitel 3	Incubus	Drive
Kapitel 4	AWOLNATION	Sail
Kapitel 5	30 Seconds to Mars	The Kill
Kapitel 6	Royal Blood	Figure It Out
Kapitel 7	Red Hot Chili Peppers	Dark Necessities
Kapitel 8	Bloc Party	Banquet
Kapitel 9	Fall out Boy	Centuries
Kapitel 10	Papa Roach	She Loves Me Not
Kapitel 11	Eagle-Eye Cherry	Save Tonight

Kapitel 12	Fugees	Ready or Not
Kapitel 13	Rolling Stones	(I Can't Get No) Satisfaction
Kapitel 14	Linkin Park	Numb
Kapitel 15	Ed Sheeran	Shape of You
Kapitel 16	Imagine Dragons	Radioactive
Kapitel 17	Limp Bizkit	Behind Blue Eyes
Kapitel 18	Staind	It's Been Awhile
Kapitel 19	X Ambassadors	Renegades
Kapitel 20	Paramore	Decode
Kapitel 21	JRY, Rooty	Pray
Kapitel 22	Metallica	Nothing Else Matters
Kapitel 23	Puddle of Mudd	Blurry
Kapitel 24	Foo Fighters	The Pretender
Kapitel 25	Frances	What Is Love?
Kapitel 26	Bastille	Oblivion
Kapitel 27	3 Doors Down	Let Me Go
Kapitel 28	Placebo	The Bitter End
Kapitel 29	Paramore	Last Hope
Kapitel 30	Nirvana	Come As You Are
Kapitel 31	Papa Roach	Last Resort
Kapitel 32	Linkin Park	In The End
Epilog	3 Doors Down	Here Without You

Prolog

Shawn

Kaleo
Way Down We Go

Sechs Jahre zuvor

»Dein erster Sieg! Ich kann es immer noch nicht fassen, Tommy!«, grölte ich, während *Nirvana* aus den Boxen meines alten Buick dröhnte. Ich löste eine Hand vom Lenkrad und verwuschelte damit Tommys viel zu lange, dunkelblonde Haare. Damit und mit den braunen Augen kam der kleinste meiner zwei jüngeren Brüder direkt nach unserer Mutter. Wohingegen Kane und ich mit unseren schwarzen Haaren und den wasserblauen Augen ein Abbild unseres Vaters waren. Wir machten regelmäßig Witze, dass Tommy vom Postboten stammen musste, denn er war nicht nur äußerlich komplett anders als wir.

»Hör auf damit.« Er lachte und zog ruckartig seinen Kopf weg.

»Ach komm schon, Kleiner! Gib mir lieber zur Feier des Tages noch mal die Flasche.« Ich wackelte vor seiner Nase mit den Fingern, und er reichte mir den Jack Daniel's. Während die scharfe Flüssigkeit meine Kehle hinunterlief, versuchte ich, die Straße im Auge zu behalten. Auch wenn ich ab und zu die Lider kurz zusammenkneifen musste, damit sich der Schleier ein wenig lichtete, konnte ich mit diesem Zustand zwischen nüchtern und angetrunken ganz gut umgehen. Denn hey, wir hatten heute etwas zu feiern! Mein kleiner Bruder wurde endlich erwachsen! Darauf hatten wir lange genug gewartet.

»Wie geht es deiner Nase?«, gluckste ich, übergab ihm wieder die Flasche und kramte in der Mittelkonsole nach den Zigaretten.

»Wird schon.«

Tief inhalierte ich den Rauch, nachdem ich die Kippe angezündet hatte, und legte den linken Arm auf dem Fensterrahmen ab. Kühle Nachtluft strömte zu uns herein. Ich mochte den Übergang vom Frühling zum Sommer, wenn die Nächte heißer und die Röcke der Frauen immer kürzer wurden. Die Musik wechselte zu *Kaleo,* und ich zog nachdenklich an der Zigarette. Ich konnte mich noch genau an meinen ersten richtigen Boxkampf und somit auch an meinen ersten Sieg erinnern. Es war fantastisch und völlig unwirklich gewesen. Der Rausch, der einen während eines Kampfes befiel, nahm vom gesamten Körper Besitz und ließ einen oft stundenlang nicht wieder los. Ich liebte den Scheiß, und alles, was dazugehörte, einfach.

»Und, wie war das Gefühl?«

Tommy zögerte, und ich sah kurz zu ihm rüber, bevor ich den Blick wieder auf die Straße heftete.

»Was ist los?«, fragte ich und blies den Rauch aus dem Fenster. Tommy drehte das Radio leiser, und ich spürte seine Unsicherheit.

»Kann ich dir etwas anvertrauen?«, fragte er, und ich schluckte.

»Tommy, du bist mein kleiner Bruder. Natürlich kannst du das.«

Er nahm noch einen großen Schluck Whiskey. »Das Gefühl war okay, aber nicht so, wie ich gedacht hatte. Ich meine ... Kane, Dad und du, ihr seid ehrgeiziger.« Er zögerte.

Ich schnippte die Kippe nach draußen und griff erneut zur Flasche. Mein Kopf dröhnte bereits ein wenig, doch ich ignorierte es, denn die Nacht war noch lang. Morgen würden mir zwei Aspirin und eine Laufrunde schon aus meinem Kater helfen. Doch Tommys Zögern bereitete mir sehr viel mehr Kopfzerbrechen.

»Was meinst du damit?«

»Na ja, ihr seid für dieses ganze Boxen und Kämpfen irgendwie gemacht. Ich seh das an euren Blicken, wenn ihr im Ring steht. Aber mir heute die Nase brechen zu lassen, nur damit Dad mich mit so viel Achtung ansieht wie euch ...«

»Wovon redest du? Dad ist auf dich genauso stolz wie auf uns!«

Tommy schnaubte, und ich wusste selbst, dass mein Satz eine glatte Lüge war. Dad war enttäuscht von seiner sensiblen Art. Das war er immer schon gewesen. Kane und ich hatten unser Bestes gegeben, unseren kleinen Bruder nicht genauso abwertend zu behandeln, wie unser Vater es tat.

»Ich weiß einfach nicht, ob ich so leben möchte, nur damit Dad mich auch mal sieht. Egal was du jetzt sagst und wie du mich aufziehst … eigentlich würde ich lieber Kunst studieren.«

Ich kaute auf der Innenseite meiner Wange. Kunst. Damit steuerte er eine komplett entgegengesetzte Richtung an als der restliche männliche Teil unserer Familie. Wir waren allesamt Draufgänger und dachten nicht mal im Traum daran, zu studieren. Wir hatten mit Ach und Krach die Highschool überstanden. Nicht weil wir dumm waren, sondern weil seit unserem ersten Schritt feststand, was wir wollten: kämpfen. Nach dieser Aussage gab es kein Fragezeichen.

Ich sah Tommy an, und er wirkte innerlich zerrissen. Ich konnte nicht genau nachvollziehen, wie er sich fühlte, aber ich hatte kein Problem damit, wenn er etwas anderes wollte als wir. Irgendwie war ich sogar froh darüber, dass seine Nachdenklichkeit der letzten Zeit von diesem Thema herrührte. Kane und ich dachten schon, er wäre schwul.

»Es ist dein Leben. Dad muss das akzeptieren. Und Kane und ich necken dich doch nur, wir …«

»Shawn! Pass auf!« Mein Kopf ruckte nach vorne. Aber Tommys Schrei kam zu spät.

Die Zeit schien stillzustehen. Lose Teile wirbelten in dem Innenraum durch die Luft, bis sie mit einem lautstarken Krachen aufkamen. Genauso wie mein Buick, der auf der rechten Seite zum Liegen kam. Stechender Schmerz durchbohrte meinen Oberkörper. *Tommy*!

Verschwommen sah ich Scheinwerfer, die uns grell anstrahlten. Was war passiert? Waren wir in jemanden reingefahren oder er in uns? Meine Ohren pfiffen, und mein Kopf brachte mich fast um, als ich mühsam in Richtung meines kleinen Bruders blickte. *Tommy!*

Langsam führte ich meine Hand zu ihm und legte sie auf seine Brust. Sein Körper hing leblos im Sicherheitsgurt.

»Tommy«, keuchte ich und verengte die Augen zu Schlitzen. Dieser verfluchte Schleier! Schmerz schoss in meine Rippen, stärker als jeder noch so harte Schlag, den ich jemals erhalten hatte.

»Tommy«, röchelte ich etwas lauter. Blut. Überall Blut! Es klebte in seinen langen Haaren, an seinen Wangen, quoll aus seinem Mund und seiner Nase! Panik breitete sich in mir aus! Meine Atmung wurde immer schneller! Meine Brust schnürte sich zu, und die Wände des Wagens kamen immer näher! »Tommy!«, schrie ich nun und presste die

Handfläche dichter auf seinen Oberkörper. Auf die Stelle, an der eigentlich sein Herz schlagen sollte.

Kein Atemzug war zu spüren. Stille. Ohrenbetäubende, alles verschlingende Stille umhüllte mich. Eine eisige Kälte kroch in meine Glieder. Alles wurde schwarz. *Tommy …*

Kapitel 1

Lauren

3 Doors Down
Here Without You

Heute

»Du schaffst das. Du bist stark. Du bist ein Fels. Ach was für ein Quatsch …« Meine Schultern sackten in sich zusammen, und ich drückte mich enger in den Autositz. Ich war kein Fels, eher ein Kieselstein. Mein Blick wanderte ständig über die riesige Halle, die hier im Nichts stand. Umgeben von dem Parkplatz, auf dem ich nun seit gut zwanzig Minuten saß und mich nicht traute, einen Fuß aus dem Auto zu setzen. Ich hätte doch warten sollen, bis Hunter Zeit hätte, mit mir hierherzufahren. Aber ich konnte es nicht länger hinauszögern oder auch nur noch einen Tag verlieren. Auch wenn es hieß, mich hier quasi selbst auszuliefern …

Zur Beruhigung strich ich mit dem Daumen sanft über das Zeichen auf meinem linken Handgelenk, wie ich es oft tat, wenn ich nervös war. Es gab mir Sicherheit und erinnerte mich daran, was ich hier eigentlich wollte. Ich musste dort jetzt rein. Für sie. Das war ich Gini schuldig, denn sie würde garantiert dasselbe für mich tun. Außerdem hatte ich das Pfefferspray, das Hunter mir vergangenes Jahr geschenkt hatte, in meiner Tasche, falls mich jemand anmachen sollte. Doch in der Regel konnte ich mich ganz gut verbal verteidigen. Ich brauchte keine Hilfe, niemals. Das hatte ich noch nie!

Ich atmete mehrmals tief ein und aus, bis mir fast schwindelig wurde, öffnete die Autotür und trat todesmutig auf den dunklen Parkplatz. Von Laternen oder Frauenparkplätzen hatten die Veranstalter dieses Spektakels wohl noch nie etwas gehört!

Zögerlich verschloss ich das Auto und ging auf die Halle zu. Von außen sah sie ziemlich unscheinbar aus. Ich war noch nie bei irgendwelchen Kämpfen gewesen und wusste ehrlich gesagt nicht, was mich da drin erwartete. Weder mit Boxen, Ringen oder diesem neumodischen MMA hatte ich jemals irgendetwas zu tun gehabt. Wieso auch? Ich verabscheute Gewalt. Weshalb sollte ich mir also freiwillig ansehen, wie hohle, testosterongesteuerte Kerle sich gegenseitig verkloppten? Sinnlos! Da investierte ich meine kostbare Zeit lieber in ein gutes Buch oder einen Kinoabend mit Hunter. Aber nun musste ich da wohl durch.

Entschlossen drückte ich den Rücken durch und streckte mein Kinn in die Höhe. Ich musste nur selbstbewusst rüberkommen, dann würde mich keiner ansprechen. Ich hatte ein Ziel, und das würde ich garantiert erreichen.

Ich. War. Ein. Fels.

Trotzdem flackerte mein Blick nervös über den schummrig beleuchteten Parkplatz. Eine Gänsehaut kroch mir den Nacken hinauf, als ich ein rotes Glimmen in der Dunkelheit sah. Ich musste etwas genauer hinschauen, aber als sich meine Augen an die Lichtverhältnisse gewöhnt hatten, erkannte ich, was sich da befand. Lässig an ein dunkles Auto gelehnt, stand ein ziemlich muskulöser Typ. Alles an ihm schrie nach Aggression und Ärger. Angefangen von der Zigarette in der Hand, seinen Tattoos, die sich über die Arme nach oben bis zum Hals schlängelten, sein schwarzes, enges Shirt, das seinen auffälligen Bizeps betonte, bis hin zu den eindeutigen Kampfspuren in seinem Gesicht. Toll. Der war bestimmt nicht auf Reden aus, wenn er eine Frau allein im Dunkeln traf. Mit der anderen Hand hielt er ein Handy an sein Ohr. Er bewegte die Lippen, aber ich verstand aufgrund der Entfernung nicht, was er sagte. Als er meinen Blick erwiderte, senkte ich hastig den Kopf. Ich wollte ihn nicht herausfordern. Das hätte mir gerade noch gefehlt!

Ich presste meine Tasche enger an die Brust und umrundete die Eventhalle zur Hälfte. Der Eingang war vorne. Natürlich. Wäre auch zu einfach gewesen, die Parkplätze vor die Halle zu setzen anstatt dahinter. Aber die meisten, die diese Veranstaltung besuchten, hatten sicherlich kein Problem damit, im Dunkeln ein Minenfeld, bestehend aus kampflustigen Muskelprotzen, zu überqueren.

»Na, wen haben wir denn da?«, hörte ich vor mir eine Stimme, schaute nach oben und unterdrückte ein Seufzen. Drei Kerle standen unter einer Lampe, die an der Halle angebracht war. Einer lehnte an der Wand und grinste mich lüstern an. Er wirkte genauso unheilvoll wie der andere Typ, der eben an seinem Auto gestanden hatte. Alle trugen Tätowierungen, Lederjacken und sahen generell nicht nach dem Typ Mann aus, den man seiner Mutter beim Sonntagsbrunch vorstellte.

Einer von ihnen, mit ziemlich kurz geschorenen Haaren und schiefer Nase, wischte sich schniefend ein weißes Pulver aus dem Gesicht. Ich wollte einen großen Bogen um sie machen, aber blitzschnell drückte sich der Erste, der mich bemerkt hatte, vor mich.

»Warum so schnell unterwegs?«

»Ach komm schon. Erstens habe ich keine Zeit und zweitens keine Lust, mich mit euch zu unterhalten. Ihr seht zwar wie wirklich nette Kerle aus, aber sorry, bin schon vergeben«, sagte ich und unterdrückte das Zittern in meiner Stimme. Es würde mich sonst garantiert verraten und Schwäche zeigen, was ich unbedingt vermeiden musste.

Er lachte seinen zwei Freunden zu, die sich hinter mir postiert hatten, und zeigte mit dem Daumen auf mich. »Habt ihr das gehört? Vergeben! Als ob mich das interessiert, Mäuschen«, sagte er mit kratziger Stimme und legte seinen Zeigefinger an den Kragen meiner olivgrünen Stoffjacke. Er schob sie leicht zur Seite, und mein Herz begann heftig in der Brust zu wummern, als er am Halsausschnitt meines dünnen Pullovers entlangfuhr.

Option eins wäre, ihm einfach ein Knie in die Eier zu rammen. Option zwei das Pfefferspray in meiner Tasche.

Ich schlug seine Hand weg und verengte die Augen. »Lass deine dreckigen Finger von mir und such dir ein anderes Opfer, wenn du dir keine Anzeige wegen sexueller Belästigung einhandeln willst!«

Alle drei brachen in schallendes Gelächter aus.

»Anzeige? Du weißt ja noch nicht mal, wie wir heißen. Wir sehen aus wie jeder verfickte Typ in diesem Bumsladen. Ehe die Polizei hier ist, wird es schon zu spät sein.« Er packte grob meinen Oberarm und zog mich an sich. Ekelhafter Atem wehte zu mir herüber, und ich hielt die Luft an, damit ich ihn nicht riechen musste.

»Gibt's hier ein Problem?« Eine fremde Stimme erklang hinter mir – rau, heiser und dunkel –, die mir eiskalte Schauer über den Rücken jagte. Der Typ vor mir lockerte den Griff, ließ mich aber nicht los.

»Nö, kein Problem. Ich hab nur meine kleine Freundin erzogen. Sie ziert sich manchmal ein wenig.«

»Ich bin nicht deine Freundin, Arschloch!«, keifte ich den Oberpenner an und entzog ihm ruckartig meinen Arm. In mein Sichtfeld trat der Typ von eben, der anscheinend sein Telefonat beendet hatte. Aus der Nähe betrachtet, war er noch eindrucksvoller. Auch wenn sein Gesicht – mit dem lilafarbenen Bluterguss um dem linken Auge und der verschorften Lippe – eindeutig durch eine Schlägerei entstellt worden war, tat es seinem gesamten Aussehen überhaupt keinen Abbruch. An seinem kantigen Kiefer zuckte ein Muskel unter gleichmäßigen, dunklen Bartstoppeln. Die stechend blauen Augen funkelten angriffslustig, wie bei einem Tier, das bereit zum Sprung war. Die schwarzen Haare bildeten einen starken Kontrast dazu, waren an der Seite etwas kürzer und oben dicht und zerzaust. Alles in allem konnte man ihn als verdammt scharf bezeichnen. Doch der kleine Höcker auf seinem Nasenrücken zeugte davon, dass er nicht nur einmal in einen Kampf verwickelt gewesen war. Es fehlte nur noch das blinkende Leuchtreklameschild über seinem Kopf mit der Aufschrift: *Gefährlich! Sieh zu, dass du schleunigst wegkommst, Lauren!*

Mit solchen Männern wollte ich nichts zu tun haben, nicht einmal die gleiche Luft wie sie einatmen. Sein kräftiger Körper war von den Zehen bis zum Scheitel angespannt, und die Falte zwischen seinen Brauen wurde tiefer. Sehnen traten an seinen Unterarmen hervor, als er die Hände zu Fäusten ballte. Erst seine Stimme zog mich zurück in die Realität. »Brauchst du Hilfe, Bambi?«

Empört schnaubte ich. »Und ich bin auch kein Bambi! Geht's euch noch gut?«

»Ach warte!«, sagte der Oberpenner und deutete auf den Typen. »Du bist doch Rage Dawson, oder? Ja, genau! Du bist es!« Er lachte einmal auf, und Rage kaute genervt auf seiner Unterlippe. Seiner vollen, schön geschwungenen Unterlippe. In ihm brodelte es, und ich konnte die testosterongeladene Spannung, die sich zwischen den beiden Fronten immer weiter auflud, kaum noch ertragen. Ich hasste dieses Lackaffengehabe, wenn Männer nichts anderes konnten, als sich auf die Fresse zu schlagen. Dummes, hirnloses Pack! Ich wusste, weshalb ich ihnen allen vor langer Zeit abgeschworen hatte! Erst machten sie einen auf beschützenden Neandertaler, danach ließen sie dich irgendwann im Stich.

»Also, wenn du weißt, wer ich bin, wieso stehst du dann immer noch hier?«, fragte Rage rau.

Oberpenner lachte. »Wir sind zu dritt! Das schaffst selbst du nicht!«

Rage zog lässig eine Schachtel Zigaretten aus seiner Gesäßtasche, nahm sich gemächlich eine heraus und steckte sie in seinen Mundwinkel. Selbstgefällig zündete er sie an und blies den Qualm direkt in das Gesicht meines Peinigers. Und in meines, weil ich weiterhin viel zu dicht zwischen ihnen stand.

Unfassbar! Ich wedelte mit der Hand vor meinem Gesicht und suchte nach einem Ausweg.

»Ich würde mir erst den Dicken hier vornehmen.« Rage nickte links hinter mir zu einem der drei. »Der ist langsam und kein Problem. Du hängst nicht an deiner Nase, oder Kumpel?«

Ich schnaubte. Ging es noch theatralischer?

»Danach kommt die Bohnenstange dran. Und für den Schluss hebe ich mir dich auf, als Sahnehäubchen. Schon mal einen Jochbeinbruch gehabt? Tut schweineweh, kann ich dir sagen.« Er blies schon wieder Rauch in unsere Richtung, und mir reichte es jetzt. Sollten sie sich doch ohne mich die Birne einhauen!

»Okay, Jungs. Ich hab verstanden. Dieses ganze Wer-hat-hier-den-Größeren-Gehabe ist irgendwie ziemlich bescheuert, findet ihr nicht?« Die Kerle schauten mich ungläubig an, als hätte ich sie gerade gebeten, bei einer Misswahl im rosa Tutu anzutreten. »Ich brauche keine Hilfe!«

Rage runzelte die Stirn und musterte mich verwirrt. Ich verschränkte die Arme vor der Brust und erwiderte trotzig seinen Blick. Ja, Muskelprotz ohne Hirn, du hast richtig gehört.

»Du brauchst also keine Hilfe?«, wiederholte er, und ein minimales Grinsen umspielte seinen linken Mundwinkel, während er die Kippe auf den Boden warf und sie austrat.

»Ihr seid Tiere! Wieso denkt ihr, mit einer Schlägerei lässt sich alles regeln? Das ist Schwachsinn, völlig idiotisch!«, rief ich nun laut, und auch die anderen sahen mich entgeistert an. Es war mir egal, dass ich eventuell ein wenig irre kreischte.

»Du bist wahnsinnig, Bambi …«, murmelte Rage. »Na gut, wenn du tatsächlich keine Hilfe brauchst, habe ich die Situation anscheinend falsch eingeschätzt.« Er zuckte mit den Schultern. »Dann wünsche ich euch noch einen schönen Abend!« Mit diesen Worten drehte er sich um, ging einfach davon und verschwand hinter der Ecke zum Haupteingang. Mein Mund klappte auf, danach fing ich mich und versuchte möglichst gefasst den Oberpenner anzusehen. Er grinste nun überheblich.

»Du weißt, dass das ein Fehler war, oder Püppchen?«

Shit. Vielleicht hatte er tatsächlich recht. Es sei denn, ich schaffte es, das Pfefferspray schneller aus der Tasche zu ziehen, als er reagieren konnte …

Kapitel 2

Shawn

Rolling Stones
Sympathy For The Devil

Ich musste immer noch grinsen, während ich auf den Haupteingang zulief und an die Kleine von eben dachte. Wie sie trotzig ihre kupferbraunen Wellen geschüttelt hatte, als sie versuchte, uns Männern eine Ansage zu machen. Wie konnte man so dickköpfig sein, nur weil man beweisen wollte, dass man selbstständig war? Wobei ich in der Vergangenheit eher das Gegenteil erlebt hatte. Die meisten Frauen hatten kein Problem damit, sich von mir helfen zu lassen. Egal, worum es dabei ging. Komisches Weib. Da nützten ihr auch ihre schönen, rehbraunen Augen nichts, wenn sie völlig durchgeknallt war. Von solchen Frauen ließ ich grundsätzlich die Finger. Zu oft wurde es mir schon zum Verhängnis!

War mir ganz recht, wenn sie keine Hilfe von mir wollte. Ich hatte heute sowieso keine Lust auf eine Schlägerei außerhalb des Käfigs gehabt. Dafür war mein Alkoholpegel definitiv zu niedrig und mein Ziel ein anderes.

»Hey, Rage!«, begrüßte mich der Türsteher und gab mir die Pranke, als ich vor dem Haupteingang angekommen war. Ich war mit meiner Statur im Halbschwergewicht schon nicht schmächtig, aber Butch hätte locker als Berg durchgehen können. Wir kannten uns bereits einige Jahre, weil die Veranstalter der Kämpfe immer dasselbe Personal buchten. Ich mochte ihn, seitdem er mich vor einem Typen gedeckt hatte, dessen Freundin ich im gleichen Moment auf der Toilette gevögelt hatte. Es wäre zu weit gegangen, wenn man Butch und mich als Freunde bezeichnet hätte. Doch wir sahen uns regelmäßig und hatten eine gewisse Sympathie für den anderen entwickelt.

»Hi, Butch. Tu mir mal einen Gefallen und schau hinter der Halle nach dem Rechten. Da sind ein paar Kerle, die hier nur Ärger suchen.« Ich deutete in die Richtung, aus der ich gekommen war.

»Alles klar. Hältst du so lange hier die Stellung?«, fragte er, und ich nickte, während er loslief. Die Kleine hatte definitiv eine Lektion verdient. Trotzdem sollte diese natürlich nicht so weit gehen, dass sie von einem Haufen Wichser vergewaltigt wurde. Wenn ich daran dachte, ballte ich automatisch die Fäuste. Ich hätte ihnen doch eine verpassen sollen. Einfach nur, weil es jämmerliche Arschlöcher waren. Damit ich Butch nicht doch folgte und es selbst in die Hand nahm, lehnte ich mich gegen die Wand und verschränkte die Arme vor der Brust. Er schaffte das schon, da war ich mir sicher.

Unvermittelt musste ich über die Brünette nachdenken. Was machte eine wie sie hier? War sie mit einem Kämpfer zusammen? Aber dann hätte sie ganz bestimmt nicht so abfällig über unsere Fast-Schlägerei gesprochen. Denn dass sie nicht hierhergehörte, hatte ich beim ersten Blick auf sie erkannt. Wie ein gehetztes Reh hatte sie umhergesehen. Als sie nervös die Tasche an sich gedrückt hatte und an mir vorbeigestürmt war, hatte ich es mir nicht nehmen lassen, ihr hinterherzusehen. Den langen, schlanken Beinen in hautengen schwarzen Jeans, dem wohlproportionierten, üppigen Hintern … Weil ich unbedingt auf andere Gedanken kommen musste, zog ich mein Zigarettenpäckchen aus der Hosentasche und zündete mir eine Kippe an. Wenn mein Trainer Rob das sehen würde, könnte ich mir wieder mal eine Standpauke anhören.

Es dauerte keine zehn Minuten, da kam Butch zurück, strich sich über die kurz geschorenen Stoppeln und grinste mich breit an. »Süß die Kleine.« Er zwinkerte mir zu. »Vielleicht ein wenig bissig.«

Ich ließ ihn grinsend an seinen angestammten Platz zurück und schmiss den Zigarettenstummel in die Dunkelheit. »Sind die Typen weg?«

»Klar, hab das klären können und die Kleine zu ihrem Auto gebracht.« Das Quietschen eines Keilriemens erklang vom Parkplatz her, und ich sah in die Richtung des grässlichen Geräusches. Bambi saß in einem klapprigen Chevrolet Pick-up, der seine besten Zeiten vor Jahrzehnten hinter sich gelassen hatte. Wahrscheinlich war sie in der Schleuder unsicherer als bei den Kerlen auf dem dunklen Parkplatz. Als die Rücklichter des Autos hinter der nächsten Biegung verschwanden, schüttelte ich den Kopf und sah Butch grinsend an.

»Hab ich dir nicht gesagt, in Louisiana wohnen nur Verrückte?«

»Ach komm! Nur wegen der Durchgeknallten vor zwei Jahren, die du hier abgeschleppt hast, sind doch nicht alle so.« Butch lachte.

Ich verdrehte die Augen. »Das nächste Mal, wenn wir hier kämpfen müssen, sag mir bitte Bescheid, dass ich absage.«

Ich hörte Butchs grunzendes Gelächter noch, als ich bereits auf dem Weg in die Halle war. Stickige, feuchtwarme Luft schlug mir genauso entgegen wie der Geruch von Schweiß und das Geschrei der Zuschauer. Ich setzte mich in Bewegung und begrüßte auf dem Weg einige Leute, die ich kannte. Hier ein Handschlag, dort ein Zwinkern zu den zahlreichen Frauen, bis ich den Käfig in der Mitte erreicht hatte. Das Logo des *Night of the Fight* prangte überall an Wänden, Gittern und auf Bechern mit Bier. Menschen standen an ihren Plätzen und schrien in die Richtung der beiden Männer, die sich auf dem Boden des Käfigs wälzten. Ihr Schweiß vermischte sich mit Blut, und ihre Gesichter waren dick und angeschwollen. Ich blieb stehen und studierte den Kampf. Es machte Sinn, sich vorher anzusehen, mit wem man es zu tun hatte. Gegen den Gewinner musste ich, wenn ich morgen ebenfalls siegte, in Atlanta antreten. Der nächsten Station auf dem Weg zum großen Sieg.

»Hey, Rage«, hörte ich die Stimme meines Trainers hinter mir, drehte mich um und begrüßte ihn mit einem freundschaftlichen Handschlag.

»Hey, Rob. Was sagst du zu den beiden?«, fragte ich und nickte in Richtung des Absperrgitters. Mit verschränkten Armen starrten wir auf die Männer. Wenn ich einen Kampf sah, wurde ich immer unruhig. Ich wollte selbst in den Käfig. Kämpfen. Und vor allem siegen. Meine Hände kribbelten bei dem Gedanken daran. Konzentriert kaute ich auf der Wangeninnenseite und tippte mehrmals mit dem Fuß auf.

»Junus ist langsamer, dafür sind seine Schläge härter. Smith ist verdammt schnell und bewegt sich wie ein Eichhörnchen im Zuckerschock durch den Ring. Wenn du ihn nicht in den ersten drei Runden k. o. schlägst, wirst du schlechte Chancen haben. Du müsstest noch mehr auf Ausdauer trainieren.«

Ich hasste Ausdauertraining, auch wenn es täglich fast zwei Stunden meines Tagesplanes einnahm. Joggen, Seilspringen oder dergleichen langweilten mich zutiefst. Viel lieber übte ich die Techniken mit einem der zahlreichen Sparringpartner. Es kam dem richtigen Kampf zwar nicht sehr nahe, aber immerhin konnte ich so etwas überschüssige Energie loswerden, die sich jeden Tag in mir ansammelte.

»Hast du dir eigentlich noch mal die Aufnahmen von Garcia für morgen angesehen?«, fragte Rob.

Ich nickte. »Klar. Ich bin vorbereitet.«

In seinen Augen sah ich, dass er nicht wirklich überzeugt war. Skeptisch kratzte er sich an den mittlerweile leicht grauen Schläfen. Er war noch nicht mal ganz vierzig, ergraute aber seit einigen Jahren immer mehr. Ich hoffte, ich hatte, was das betraf, bessere Gene und behielt die dicken, schwarzen Haare, die in unserer Familie alle männlichen Mitglieder hatten. Fast. Bis auf Tommy.

Schnell verdrängte ich den Gedanken und war froh, als Rob mich wieder ansprach: »Ich hoffe, du hast recht, Rage. Du weißt: Achte auf seine Kicks, kurz nachdem er das Gewicht verlagert hat.«

Nur mit Mühe konnte ich ein Seufzen unterdrücken. Robert war schon seit längerer Zeit mein Trainer. Es wäre seinem Alter nicht gerecht, wenn ich behauptet hätte, er wäre mit seinen achtunddreißig Jahren wie ein Vater für mich. Aber er war einer der beiden besten Freunde, die ich hatte. Und eigentlich auch einer der beiden einzigen. Wir waren in meinen Wettkampfphasen mehrere Stunden am Tag zusammen. Er kannte mich und meinen Körper wahrscheinlich besser als ich selbst. Trotzdem hatte ich oft das Gefühl, er traute mir die Kämpfe überhaupt nicht zu. Gut, in der Vergangenheit war ich das eine oder andere Mal nicht zum Training erschienen, weil ich mit einem monströsen Kater in irgendeinem fremden Bett im Koma lag, aber hey! Ich war neunundzwanzig, fit wie die wenigsten Menschen auf dem Planeten und stand voll im Saft. Wenn nicht jetzt, wann sollte ich mich dann austoben? Ich machte die Gegner ohnehin platt. Allesamt. Und das seit meiner Jugend.

Zarte Finger strichen an meinem Rücken über mein Shirt, und drehte den Kopf nach links.

»Hi, Rage«, säuselte mir eine ausgesprochen hübsche Blondine zu. Ich wusste nicht mehr, wie sie hieß, nur dass ich sie letzte Woche hier kennengelernt und wir eine wirklich heiße Nacht miteinander verbracht hatten. Definitiv eine mögliche Kandidatin für eine Wiederholung. Und die gab es nicht sehr oft bei mir.

»Hey, Süße«, sagte ich, und sie fuhr mit ihrem rot lackierten Fingernagel Kreise auf meinem Bauch. Ich stand drauf, wenn sich Nägel in meinen Rücken krallten. Sie mussten nicht unbedingt so künstlich sein wie diese hier, aber ich wollte mich nicht beschweren.

»Sehen wir uns nachher wieder im Club? Nach dem Kampf?«, fragte sie, und ihre Lippen zogen sich zu einem verführerischen Lächeln nach oben. Fuck. Zu gerne würde ich diese Ablenkung genießen, aber ich hatte morgen einen Fight. Ich kannte mich gut genug, um zu wissen: Wenn ich einmal diese Diskothek betreten würde, wäre ich nicht vor morgen früh zu Hause. Und schon gar nicht nüchtern. Oder allein.

Meine Hand landete laut klatschend auf ihrem Po, und ich drückte sie daran noch enger gegen meine

Seite. Sie kicherte albern, als mein Mund ihr Ohr fand. »Morgen muss ich zuerst meinem Gegner den Arsch versohlen, dann bist du dran, Süße, das verspreche ich dir.« Locker legte ich den Arm um ihre Schultern und widmete mich wieder dem Kampf vor mir. Ich war zwar oft unvernünftig, aber ich würde nicht den Sieg und damit das Ticket für die nächste Runde in Atlanta gefährden. Auch nicht für solche heißen Aussichten.

Kapitel 3

Lauren

Incubus
Drive

»Mum, ich bin wieder zu Hause!«, rief ich im Flur und stellte meine Sporttasche auf den Boden neben die Kommode. Ich sollte die nassen Schwimmsachen gleich zum Trocknen im Keller aufhängen, aber zuerst wollte ich nachsehen, ob bei meiner Mum alles in Ordnung war. Es tat gut, den Kopf bei regelmäßigen Schwimmrunden frei zu bekommen. Zumindest annähernd frei. Ständig musste ich an das gestrige Debakel denken. Ich hatte gemerkt, dass es vielleicht nicht wirklich schlau gewesen war, diesen Rage wegzuschicken. Als er gegangen war, wurden diese Kerle erst richtig aufdringlich. Mein Glück, dass ein Mann um die Ecke gebogen war, der sich als Security entpuppt hatte. Für seine zwei Meter Größe und sein beeindruckendes Äußeres war er sogar ziemlich höflich zu mir gewesen. Er brachte mich bis zu meinem Auto, wollte aber überhaupt nicht mit sich reden lassen, mich ins Innere der Halle zu begleiten. Dabei war ich eigentlich zu der Veranstaltung gefahren, um dort weiter auf die Suche nach Gini zu gehen. Doch er hatte partout nicht nachgegeben und fast Hand angelegt, um mich in meinem alten Pick-up zu platzieren. Für meine Schimpfversuche, dass ich drinnen allein klarkäme, wenn er mich erst mal reingebracht hatte, hatte er nur ein Schnauben übrig. Und auch die zwanzig Mäuse, die ich ihm hingehalten hatte, bedachte er nur mit einer erhobenen Augenbraue. Scheißmänner. Der Einzige, auf den ich mich verlassen konnte, war Hunter. Apropos, den sollte ich heute Mittag unbedingt noch zurückrufen!

»Mum?«, fragte ich und betrat das Wohnzimmer. Unsere Wohnung war nicht sonderlich groß oder neu, eigentlich war sie sogar ziemlich schäbig, aber es war nun mal das Einzige, was wir uns derzeit leisten konnten. Außerdem war meine Mum ein Dekorationstalent. Mit bunten Bezügen, hellen Gardinen und haufenweise Blumen brachte sie ein heimeliges Gefühl in die drei Zimmer. Wir waren vor vier Jahren zwangsweise in den Wohnkomplex gezogen, nachdem wir unser Haus verkaufen mussten. Ehrlich gesagt, trauerte ich nicht wirklich darum. Zu viele schlechte Erinnerungen klebten an den Wänden und an den Möbeln, sodass ich froh war, als wir damals ausgezogen waren und alles zurücklassen konnten. Auch wenn unser jetziges Heim kein Palast war, fühlte ich mich hundertmal wohler hier. Trotzdem hatte ich vor, uns bald etwas Besseres zu beschaffen. Es war nur noch eine Frage der Zeit.

»Ich bin hier, Laurie«, hörte ich meine Mum in der angrenzenden Küche und lehnte mich dort an den Türrahmen. Ich beobachtete kurz, wie sie versuchte, Essen zuzubereiten, aber immer wieder erschöpft gegen die Küchenzeile sank. Nach dem Unfall hatte sie erhebliche Probleme, lange zu stehen. Ich kannte sie gut genug, um zu wissen, dass sie niemals zugegeben hätte, Schmerzen zu haben. Sie war genauso stur und eigensinnig wie ich, wenn ich mir etwas in den Kopf gesetzt hatte. Okay, wahrscheinlich war es eher andersherum und ich hatte diese charmante Charaktereigenschaft von ihr. Ich war froh darüber, denn es hatte mich schon oft weitergebracht, wo andere vielleicht aufgeben hätten. Und deshalb kannte ich die Wesenszüge meiner Mum, konnte sie verstehen und akzeptieren. Auch wenn es mir mehr als schwer fiel, ihr nicht alle Arbeit abzunehmen. Denn egal, was ich tat, ich durfte ihr nicht das Gefühl geben, unzulänglich zu sein. Sie war eine Kämpferin. Ihren Stolz konnte ihr niemals jemand nehmen.

Ich musste lächeln, als sie mich ansah. Langsam ging ich zu ihr, nahm ihr den Kochlöffel aus der Hand, und sie setzte sich dankbar ohne Widerworte auf den roten Küchenstuhl. Wenigstens sah sie mittlerweile ein, dass es überhaupt nicht schlimm war, sich ab und zu von meiner Schwester und mir helfen zu lassen.

»Wie war das Schwimmen?«, fragte sie.

»Gut, wie immer.«

Bedächtig rührte ich in dem Topf mit dem Cullen Skink. Mum liebte dieses Gericht, denn es erinnerte sie an ihre Heimat. Sie kam ursprünglich aus Schottland und war damals wegen meinem Erzeuger hierher nach Baton Rouge in Louisiana gezogen. Ich wusste, dass sie ihren Geburtsort vermisste, aber sie würde niemals zurückziehen und uns hier allein lassen. Deshalb nahm ich gerne in Kauf, einmal die Woche Fischsuppe zu essen, wenn ich dafür meine Mum ein wenig glücklicher sah. An den anderen Tagen gab es Mahlzeiten, auf die ich schwer verzichten konnte. Meine Mum hatte in Schottland eine Ausbildung als Köchin gemacht und hier in Amerika in einem Restaurant gearbeitet. Sie hatte meiner Schwester und mir alles beigebracht und ihre Begeisterung auf uns übertragen. Als kleines Mädchen liebte ich es, ihr zur Hand zu gehen und sie dabei strahlen zu sehen. Bis es nicht mehr ging und sie ihre Leidenschaft, das Kochen, fast vollständig aufgeben musste. Jedes Mal erfüllte Wut meinen Körper, wenn ich daran dachte, wer ihr das angetan hatte.

Bevor ich mich zu sehr in diesem Gefühl verlor, legte ich den Kochlöffel zur Seite und drehte mich um. Auf der Anrichte lag ein blauer Umschlag, und ich warf meiner Mum einen vorwurfsvollen Blick zu. Meine jüngere Schwester Gini hatte ihre grünen Augen geerbt und ich nur die hässlichen braunen

Iriden unseres beschissenen Erzeugers. Wenigstens hatten wir alle drei rotbraune Haare, die bei meiner Mutter und Schwester noch stärker in einem Kupferton glänzten.

»Hat sie diesmal einen Brief dazugelegt?«, fragte ich, und meine Mum schüttelte den Kopf, weil sie wusste, worauf ich anspielte.

»Wo war die Briefmarke abgestempelt?«

»Hier in Louisiana.«

Ich schnaubte. Also hatte ich recht mit der Vermutung, dass sie irgendwo in der Nähe war. Sie musste gestern auf dieser Veranstaltung gewesen sein. Und ich war zu unfähig, da verdammt noch mal reinzukommen!

»Ich werde Gini finden, Mum.«

»Laurie!«, schimpfte sie, und ich strich mir beruhigend über das linke Handgelenk. »Du verrennst dich da in was! Sie weiß, dass sie jederzeit zurückkommen kann, wenn sie möchte.«

»Vielleicht kann sie das ja nicht? Weil sie jemand aufhält? Nur weil sie regelmäßig Geld schickt, heißt das noch lange nicht, dass sie freiwillig bei dem Penner bleibt!«

»Es könnte auch heißen, dass es ihr an nichts fehlt.« Wieso war meine Mutter nur so naiv? Gerade sie müsste doch besser wissen, wohin so eine Beziehung führen konnte!

»Wenn sie tatsächlich frei ist, wäre dann nicht wenigstens ein Brief dabei? Oder würde sie dann nicht auf meine Anrufe und Nachrichten antworten?

Mum! Ich hatte von Anfang an bei dem Kerl ein komisches Gefühl! Wer heißt schon Darren Malone? Das schreit nach Arschloch! Und nur weil er Kohle hat? Wir hätten das auch so hinbekommen, das haben wir immer!«

»Laurie, sei doch nicht so blind! Wie stellst du dir das eigentlich vor? Solltet ihr weiterhin jeder drei Jobs haben, damit ihr meine Pflege bezahlen könnt? Das geht doch nicht! Du wohnst mit fünfundzwanzig hier bei mir, du brauchst ein eigenes Leben! Einen Mann und Familie!«

Ich brodelte innerlich und presste die Lippen aufeinander. »Ich brauche keinen Mann! Wir haben uns. Das reicht mir!«, erwiderte ich trotzig.

»Denkst du etwa, es geht mir gut dabei, wenn ich sehe, dass du dein Studium wegen mir aufgegeben hast?«

»Hör auf damit, Mum! Es war meine Entscheidung!«, sagte ich nun etwas lauter. Dass sie immer wieder davon anfangen musste! Konnte sie es nicht endlich genauso akzeptieren, wie ich es tat? Das Studium war sowieso nur Mittel zum Zweck gewesen. Um uns von dieser furchtbaren Abhängigkeit von meinem Erzeuger zu lösen und frei zu sein. Doch alles war anders gekommen als gedacht.

»Du wolltest Ärztin werden. Und jetzt? Bist du damit zufrieden? Reicht dir das aus, was du im Moment tust?«

»Es war zu teuer. Ich zahle immer noch den Kredit dafür ab.«

»Aber es wäre für dich machbar gewesen, wenn du nicht dein gesamtes Geld in meine Pflege gesteckt hättest!« Ihre Stimme bebte mittlerweile vor Zorn. Doch was hätte ich denn tun sollen? Sie hatte wochenlang, ja sogar monatelang in ihrem Bett gelegen! Sie brauchte diese Hilfe!

»Du hättest sonst niemals Matt kennengelernt«, sagte ich und versuchte mich an einem kleinen Lächeln. Sie erwiderte es bekümmert.

»Ich hab doch jetzt endlich das Praktikum als Physiotherapeutin! Es macht mir Spaß, ist abwechslungsreich, und wir verdienen deutlich mehr als bei den Gelegenheitsjobs davor. Außerdem kann ich dir so viel besser helfen. Es ist okay, Mum. Ich muss nicht studieren, um glücklich zu sein.«

»Wenn du denn wenigstens glücklich wärst ...« Sie sah mit unendlich traurigen Augen zu mir hoch, und ich wandte den Blick ab. Ich konnte nicht damit umgehen, dass sich meine Mum Vorwürfe deswegen machte. Sie dachte tatsächlich, sie wäre schuld daran, dass alles so gekommen war. Und jetzt fehlte von ihrer jüngsten Tochter auch noch seit Wochen jede Spur.

»Ich werde Gini finden und hole sie zu uns zurück«, sagte ich überzeugt und widmete mich erneut der Suppe.

Die Tür wurde aufgeschlossen, und Matts Stimme klang durch den Flur. Ich war froh, dass meine Mum wieder jemanden gefunden hatte, den sie lieben konnte. Und als Pfleger – hierdurch hatten sie sich kennengelernt – konnte er ihr wirklich dabei helfen, ihr Leben so zu meistern, als hätte sie nicht diese Wunden zurückbehalten. Verursacht von einem Mann, den ich von ganzem Herzen verabscheute.

»Hey, ihr zwei«, sagte Matt. Meine Mutter lächelte ihn verliebt an. Er ging zu ihr und drückte ihr einen Kuss auf die Lippen. »Hi, Darling«, flüsterte er ihr zu, und sie strich sanft durch sein braungraues Haar. Ich wandte mich ab, weil ich es nicht angemessen fand, die beiden so zu beobachten.

»Hey, Nashorn«, sagte er zu mir und wuschelte mir durch die Haare. Auch er kannte meine Angewohnheit, meinen Dickkopf durchzusetzen, und hatte mir bei unserem Kennenlernen diesen liebevoll gemeinten Spitznamen verpasst. Er war der Einzige, der mir einen geben durfte, allein weil er meine Mum glücklich machte. Es hatte einige Zeit gedauert, bis sie das neue Glück zugelassen hatte, und ich konnte Matt verstehen, was er an ihr fand. Sie war immer noch eine schöne und humorvolle Frau, und ich wünschte ihr nur das Beste.

»Hi, Nervensäge«, sagte ich grinsend. Okay, neben Hunter war Matt ebenfalls ein wirklich netter Mann. Zwei Männer von wie vielen auf dem Planeten?

Kapitel 4

Shawn

AWOLNATION
Sail

Der Schweiß lief mir immer wieder ins linke Auge, das allein vom bloßen Blinzeln brannte wie Feuer. Durch das andere konnte ich schon lange nichts mehr sehen. Ungeachtet dessen versuchte ich, meinen Gegner Garcia im Blick zu behalten. Die Geräusche um mich herum verschwammen zu einem undeutlichen Rauschen. Ich hörte nur Robs Schreie, weil er direkt am Käfigrand stand und in meine Richtung brüllte: »MACH DIE TECHNIK SAUBER, VERDAMMT! DER KICK! RAGE!«

Luft strömte mit schweren Atemzügen in meinen Brustkorb, den ich ebenfalls kaum noch spürte. Mein gesamter Körper war taub. Doch mein Gegenüber sah genauso beschissen aus, wie ich mich fühlte. Ich hatte ihm stark zugesetzt. Trotzdem stand mein Sieg auf der Kippe. Punktemäßig waren wir gleichauf. Ich durfte nicht verlieren. Das war einfach keine Option. Ich war wertlos ohne den Sieg.

Garcia stürmte auf mich zu. Ich blockte seinen geraden Punch und versuchte, ihm einen Haken zu verpassen. Doch er war schneller. Ruckartig wich er zur Seite aus. Während ich mich noch in der Bewegung befand, verlagerte er sein Gewicht zu einem Kick und traf meine Rippen. Der Schmerz durchbohrte meine gesamte linke Flanke. Ich kannte dieses Gefühl. Damit konnte ich umgehen, nahm es sogar gerne entgegen, denn ich hatte genau diesen Schmerz verdient. Jeden einzelnen Schlag davon. Immer wieder. Bis zum Ende meines Lebens.

Dennoch war mein Siegeswille seit meiner Kindheit antrainiert und deutlich größer als der Drang nach verdientem Leid. Es war wie eine Sucht, ein Trieb, den ich einfach nicht abstellen konnte. Nur dadurch fühlte ich mich lebendig. Eigentlich stieg ich nur deswegen in den Ring. Ich brauchte den Rausch, um zwischendurch etwas zu fühlen.

Ich konterte, Blut floss mir in die Augen.

»BEENDE ES, RAGE! JETZT!«

Ich lief auf Garcia zu. Variierte eine schnelle Abfolge von Kicks und Punches. Er versuchte, mich zu umklammern, entweder für eine Pause oder um meinen massiven Körper auf den Boden zu bringen. Doch durch das jahrelange Training mit meinem Vater lag meine Stärke definitiv im Boxen. Deshalb versuchte ich alles, um auf den Beinen zu bleiben, denn beim Kampf auf dem Boden könnte ich der Unterlegene sein.

Ich drehte mich aus seiner halben Umklammerung. Links. Rechts. Kick. Er konterte, aber die gesamte Wut über eine eventuelle Niederlage erfüllte meinen Kopf.

Ich hörte Robs Schreie nicht mehr.

Ich spürte meine Schmerzen nicht mehr.

Ich schmeckte das Blut auf meiner Zunge nicht mehr.

Ich wollte diesen Kampf nur zu Ende bringen. Jetzt. Als Sieger.

Mein letzter Punch traf kraftvoll auf Garcias Kinn. Er ging zu Boden. Knock-out.

Der Ringrichter zählte aus und hielt meinen Arm nach oben. Die Aggression pulsierte immer noch durch jede meiner Venen. Ich kannte diesen Zustand, und es würde einige Zeit dauern, bis er endlich durch Erschöpfung verdrängt würde. Ich befand mich in einem Strudel aus Leid und tiefster Wut. Diese beiden Gefühle spiegelten sich in meinem gesamten Leben wider. Sie halfen mir im Ring, um als Sieger hervorzugehen. Doch es dauerte eine ganze Weile, bis ich sie wieder fest unter Verschluss hatte, und in letzter Zeit gelang es mir immer schwerer.

Der Ringrichter entließ mich. Mein Manager und gleichzeitig bester Freund Sam stürmte auf mich zu, genauso wie Rob und der Ringarzt. Ich schüttelte alle ab und stapfte in die Kabine. Immer wieder strich ich mir mit dem Handrücken, der in fingerlosen Handschuhen steckte, über die blutenden Wunden in meinem Gesicht. Ich hätte fast verloren. Das konnte ich nicht ertragen. Siegen war der einzige Lebensinhalt, der mir blieb. Ich war ein Nichts.

»Rage!«

»Shawn!«

»Bleib doch stehen!«

Menschen redeten auf mich ein, und ich blendete sie genauso aus wie die Geräusche gerade im Ring. In der Umkleide angekommen, trat ich mit dem nackten Fuß gegen den Blechspind. Eine Delle blieb zurück, und ich holte erneut aus. Es hatte nicht gereicht.

»Verpisst euch alle«, knurrte ich. Ich war ein Versager. Auch wenn der Ringrichter meine Hand zum Sieg gehoben hatte, hatte ich mich während des Kampfes nicht vollständig unter Kontrolle gehabt. In meinen Augen hatte ich nicht gewonnen. Ich hatte es nicht verdient!

»Mister Dawson, Sie müssen versorgt werden!« Der Ringarzt stellte sich mit verschränkten Armen seitlich neben mich.

»Ich hab gesagt: Verpisst euch! Alle!«, schrie ich und trat noch ein weiteres Mal zu. Er wich zurück.

»Ist in Ordnung, Joe macht das …«, hörte ich Robs halb besorgte Stimme wie als lästiges Hintergrundgeräusch.

»Shawn!« Sam klang bestimmend, und ich verharrte. Er war der Einzige, der mich bei meinem richtigen Namen nannte. »Reg dich ab, verdammt! Du hast gewonnen, also komm wieder runter! Scheiße noch mal!«, fluchte er, und ich senkte den Kopf.

»Ich weiß, in welchem Rausch du bist, wenn du im Ring stehst, aber es ist vorbei«, sagte er.

Ich presste die Kiefer aufeinander, bis es knackte. Einmal noch krachte mein Fuß volles Rohr in die Spindtür, daraufhin drehte ich mich um. Mein Atem ging schnell, unzählbare Stellen an meinem Körper schmerzten, das Blut tropfte von meinem Gesicht zu Boden.

»Okay«, sagte ich atemlos, und Sam nickte. Er schaffte es nicht wirklich, mich runterzubringen, doch hatte ich meistens so viel Respekt vor ihm, mich zumindest äußerlich zu beruhigen. Oft. Nicht immer.

»Meine Güte, deine Launen nach den Kämpfen werden immer schlimmer«, maulte er und fuhr sich durch die dunklen Haare. Mein Blick glitt zu Boden, meine Hände waren zu Fäusten geballt. Ich kam nicht darüber hinweg, dass ich fast das Weiterkommen in die nächste Runde und somit den Kampf in Atlanta vergeigt hatte.

Atlanta. Allein wenn ich an die Stadt dachte, bekam ich Kopfschmerzen. Doch sie war nur eine Zwischenstation. Für mein nächstes großes Ziel. New York.

Sam fluchte etwas auf Spanisch und winkte Joe, meinen persönlichen Physiotherapeuten und somit den einzigen, den ich an mich heranließ, herein, damit er mich versorgen konnte. Auch wenn Samuele, wie seine Eltern ihn getauft hatten, schon viele Jahre hier lebte, hörte man immer noch den Latino bei ihm heraus. Er war ein Jahr älter als ich, hatte früher ebenso gekämpft, und aus diesem Grund war er nach Amerika gekommen. Allerdings hatte er nicht wirklich viel Talent und war nicht sehr weit gekommen. Er hatte umgesattelt und war seither der beste Manager und Freund, den ich mir wünschen konnte. Er war einer der zwei Menschen in meinem Leben, die ich respektierte. Und das zu erreichen, schaffte man nicht leicht.

»Setz dich!«, knurrte Sam und legte seine Hand auf meine Schulter, damit ich auf der Bank, in der Mitte des Raumes, Platz nahm. Joe stellte sich vor mich und studierte meine Verletzungen im Gesicht. Es brannte, als er mit seinem fetten Daumen auf meine Augenbraue drückte, und ich zog zischend den Kopf weg.

»Pass doch auf! Lass es einfach!« Wütend schlug ich seine Finger weg.

»Du musst versorgt werden! Rage, stell dich nicht an wie ein kleines Mädchen, wenn es seinen Teddy verliert! Du hast schon weitaus schlimmere Schläge im Ring kassiert«, mischte sich nun Rob ein. Er zeigte auf meine Hände, und ich hielt ihm diese hin, damit er mir die fingerlosen Handschuhe ausziehen konnte. Nur mit Mühe schaffte ich es, meine verkrampften Fäuste zu öffnen.

Joe kam mit einem getränkten Wattebausch zurück, und ich sah ihn warnend mit zu Schlitzen verengten Augen an. Er vermied es, meinen Blick zu erwidern, und ich fühlte sein Unwohlsein in Bezug auf mich. Obwohl ich ihn bisher kein einziges Mal verletzt hatte. Zumindest nicht körperlich. Aber für einen Physiotherapeuten, der im Kampfsport tätig war, war er ein ganz schönes Weichei. Er nervte mich. Allein seine Anwesenheit war mir zu viel, auch wenn er erst seit zwei Monaten für mich arbeitete.

Angespannt schloss ich die Finger zur Faust und öffnete sie wieder. Ich war immer noch nicht über den Berg. Manchmal dauerte es Stunden, bis ich wieder vollständig unten war. Manchmal eine ganze Nacht.

Oft halfen nur Alkohol und Frauen, um mich davon abzulenken. Und ich spürte, dass genau das heute der Fall sein würde.

Kapitel 5

Lauren

30 Seconds To Mars
The Kill

»Habe ich schon gesagt, dass ich dich liebe?«, fragte ich und sah zurück zu Hunter.

Er erwiderte meine Worte mit einem liebevollen Lächeln. »Mehr als einmal, Schätzchen.«

»Und habe ich auch schon gesagt, wie froh ich bin, dass du das mit mir durchziehst?«

Er nickte und legte seine Hand beruhigend auf mein Bein. Wahrscheinlich war er der einzige Mann, der das durfte. Weil keinerlei Hintergedanken von ihm ausgingen und ich nichts zu befürchten hatte. Sobald Lust oder Gefühle ins Spiel kamen, war eine Freundschaft zwischen Mann und Frau zum Scheitern verurteilt. Also war das, früher oder später, immer der Fall. Da Hunter aber so schwul war wie die Nacht dunkel, würde das niemals zum Problem zwischen uns werden. Ich hätte es nicht ertragen können, ihn auch noch zu verlieren.

»Glaubst du, du findest Gini wirklich hier?«, fragte er.

»Der Brief wurde aus Louisiana abgeschickt. Wenn sie immer noch mit diesem Manager zusammen ist, wird er sie wie am Anfang auf die Kämpfe mitnehmen. Sie muss hier sein, ich wüsste nicht, wo ich sonst suchen sollte.«

»Na gut, aber nur, weil ich mir die verschwitzten, heißen Kerle genauso sehr ansehen will, wie ich dir helfen möchte«, erwiderte er und grinste mich an. »Bereit?«

Ich nickte und griff zur Autotür. Heute fühlte ich mich deutlich sicherer als gestern bei meinem Alleingang. Es war besser, einen großen Mann dabeizuhaben. Dass Hunter wahrscheinlich noch nie in seinem Leben jemanden geschlagen hatte, tat nichts zur Sache. Wusste ja keiner außer mir. Denn mit seiner Größe von über ein Meter achtzig, seinen markanten Gesichtszügen und den dunkelblonden, kurzen Haaren, wirkte er zumindest äußerlich nicht gerade sensibel. Es durfte ihn nur keiner ansprechen, denn dann bemerkte man sofort die kleine Diva, die in ihm lebte.

Wir überquerten den Parkplatz, und Erinnerungen fluteten mein Gedächtnis. Heute war zum Glück nichts von den Oberpennern des gestrigen Abends zu sehen. Als wir auf den Eingang zuliefen, erkannte ich den Securitytypen wieder und hoffte, er wäre diesmal kooperativer.

»Und du willst wirklich kein Geld für die Karten?«, fragte ich Hunter, und er winkte nur ab.

»Ich hab dir letzte Woche versprochen, ich besorge uns welche. Du kannst froh sein, dass Chris solche guten Kontakte hat. Sieh es als vorgezogenes Geburtstagsgeschenk!«

»Na toll, dann kann ich mir die Reise auf die Bahamas abschminken?«, sagte ich grinsend.

Mit hochgezogener Augenbraue erwiderte er mein Lächeln. »Schätzchen, ich arbeite im Marketing und bin kein Millionär.«

»Richte Chris meinen Dank aus«, sagte ich, und er nickte lächelnd. Ein Hoch auf seinen derzeitigen Flirt, denn Hunters Beziehungsstatus änderte sich schneller als das Wetter im April.

Der Türsteher hob das Kinn, als würde er mich erkennen. Ich biss nervös auf der Unterlippe herum.

»Habe heute Verstärkung dabei«, sagte ich kleinlaut und sah zu Hunter.

Der Securitytyp grinste breit. »Sehe ich.«

Er nahm unsere Karten entgegen und ließ uns ein.

»Dich kann man auch nie allein lassen, oder? Was war das denn?«, fragte Hunter.

Ich zuckte mit den Schultern. »Nicht der Rede wert …«

Wir betraten die Halle, und mein Mund blieb offen stehen. Shit. Wie sollte ich hier irgendjemanden finden? Während wir uns zu den Plätzen durchdrückten, sah ich mich um. Wenn Darren wirklich noch Manager war, musste er hier oder zumindest

Backstage irgendwo sein. Doch in der Halle befanden sich bestimmt Hunderte von Menschen. Großer Gott! Das war schlimmer als die berühmte Nadel im Heuhaufen!

Hunter setzte sich auf einen freien, blauen Plastikstuhl. Ich musste irgendwie Backstage kommen. Das ginge am allerbesten allein. Denn Hunter war zwar mein bester Freund, aber er war ein absoluter Regelfetischist. Niemals würde er auch nur an einem Stopp-Schild vorbeifahren oder U-Bahn ohne Ticket fahren, geschweige denn in den für Zuschauer verbotenen Bereich hier gehen. Dass er mich überhaupt begleitete, hatte viele Stunden Betteln gebraucht.

»Hey, ich hole uns zwei Bier, okay?«, sagte ich.

Er nickte, nachdem er sich hingesetzt hatte. »Alles klar. Der nächste Kampf geht sowieso erst in einer Viertelstunde los. Aber mach nicht wieder irgendwelche Türsteher an, Süße!«

Ich verdrehte die Augen. »Haha, bis gleich!«

Eilig drängelte ich mich zurück an den Menschen vorbei und suchte weiter das Innere dieser enormen Halle ab. Das hier war eigentlich so überhaupt nicht meine Welt. Mit roher Gewalt hatte ich noch nie etwas anfangen können, aber seit Mums Unfall noch viel weniger. Mein Blick wanderte über die höher gelegenen Lounges. Allesamt waren von einem breiten Securitytypen bewacht und mit einem massiven Absperrgitter eingegrenzt. Wenn der Typ wirklich so viel Kohle hatte, hatte er sich vielleicht so ein Separee gegönnt?

Ich lief die normalen Sitzreihen entlang, bis ich am äußeren Rand der Halle zu einer Treppe kam, die nach oben in einen abgetrennten VIP-Bereich führte. Wenn Malone irgendwo war, dann ganz sicher nicht bei dem normalen Pöbel. Mit einem mulmigen Gefühl ging ich die Stufen hoch, bis ein Sicherheitsmitarbeiter mich stoppte. Sie trugen alle das gleiche schwarze, enge Shirt mit Aufschrift des *Night of the Fight*. Gab es die nur eine Nummer zu klein, damit man ihre aufgepumpten Muskeln sah? Oh Mann …

»Wohin?«, fragte er einsilbig.

Ich setzte alles auf eine Karte. »Zurück zu meinem Platz.«

Er schüttelte den Kopf und verschränkte die Arme. Sein extrem breiter Bizeps zuckte einige Mal. Sollte das eine Warnung sein?

»Ich war nur mal eben auf Toilette. Ist das verboten?«

»Toiletten sind auch oben, dazu hättest du nicht runtergehen müssen.«

Mist. »Okay, Darren Malone hat mich eingeladen.« Würg.

Er zog eine Augenbraue in die Höhe und musterte mich mit skeptischem Blick. Gut, ich trug ein altes Ramones-Shirt, Jeans und Chucks. Darren war wohl etwas Schickeres gewöhnt, aber ich hatte mich nicht extra dafür auftakeln wollen.

»Komm, lass mich einfach durch, ich erzähle auch niemandem davon.«

Er schnaubte.

»Ich bin doch gleich wieder draußen«, bettelte ich weiter, und die Falte zwischen seinen Brauen wurde immer tiefer. »Du bist nicht gerade gesprächig, was? Na gut, aber wenn Darren davon Wind bekommt, wird es Ärger geben. Bist du dir sicher, dass du das auf dich nehmen möchtest?«

Er schnaubte zweimal, was wohl so viel wie Ja bedeuten sollte. Ich streckte den Kopf an seiner breiten Schulter vorbei und erspähte eine Couchecke aus Leder. Mein Blick wanderte hektisch über die anwesenden Menschen, und geschockt blieb ich an einem ganz bestimmten Gesicht hängen. Da war er! Ich hatte ihn gefunden!

»Darren!«, schrie ich, und der Security hob die Hand vor mein Blickfeld.

»Hey, immer ruhig bleiben!«

»Darren, du Schwein, ignoriere mich nicht!« Tatsächlich drehte er den Kopf und fand meinen Blick. Zuerst sah er überrascht aus, danach umspielte ein fieses Grinsen seinen Mund.

»Wo ist Gini?«, schrie ich weiter, und der Türsteher legte seine fette Pranke auf meine Schulter.

»Hör auf, hier rumzuschreien, Kleine, sonst muss ich dich rausschmeißen!«

Darren hob einen Daumen, machte allerdings keine Anstalten zu mir zu kommen. Ich streckte ihm den Mittelfinger entgegen. Der Türsteher drehte mich fluchend herum und drückte mich zwei Stufen nach unten.

»Ich möchte doch nur kurz mit ihm …« Ich wandte mich aus seinem Griff und versuchte mich an ihm vorbeizuschieben, aber er zog mich nur an meiner Taille zurück, trug mich nach unten und setzte mich auf den ersten beiden Treppenstufen ab.

»Hau ab! Jetzt sofort!«, knurrte er bedrohlich, und ich schüttelte seine Hände ab. Okay, er hatte gewonnen. Dieses Mal.

»Du kannst Darren Malone sagen, dass ich auf ihn warten werde! Egal, wie lange!« Sein Blick sah nicht gerade eingeschüchtert aus. Extrem angepisst stieg ich die zwei Stufen hinunter, und vor mir erstreckte sich ein langer, kühler Flur. Vielleicht kam ich darüber irgendwie nach oben. Ich musste zu ihm und ihn fragen, wo Gini war! Sie musste bei ihm sein, denn ansonsten würde sie uns nicht jeden Monat Geld schicken können. Oder hatte er sie verkauft? Oh Gott! Alles wäre dem Schweinehund zuzutrauen! Nervös strich ich über mein Handgelenk. Ich musste mit ihm sprechen!

Leise schlich ich los und kam mir vor wie eine Einbrecherin. Okay, genau genommen war ich so etwas Ähnliches, denn ich hatte die Schilder, auf denen Unbefugten erhebliche Strafen angedroht wurden, dreist ignoriert.

»Nein, Sam, ich mach das nicht mehr mit!«, vernahm ich die laute Stimme eines Typen und ging weiter.

»Komm schon, Joe! Er muss verarztet werden. Du weißt doch, wie er ist!«

»Es ist mir so langsam scheißegal, wie er ist! Seine Drohungen reichen mir, und die bekomme ich nur, weil ich meinen Job machen möchte! Genug ist genug!« Ich drückte mich mit dem Rücken platt an die Wand, während ein junger Typ wutentbrannt an mir vorbeistürmte. Anscheinend hatte meine Chamäleon-Taktik, mich mit der Umgebung zu verschmelzen, gut funktioniert, denn er bedachte mich keines Blickes.

Ich schlich weiter und sah vor mir einen Schwarzhaarigen in einem Zimmer verschwinden. »Das hast du jetzt davon! Rage, du bist ein Arschloch!«, donnerte ein anderer Kerl.

Rage? Der Name war zu selten, als dass man ihn an zwei aufeinanderfolgenden Tagen mehrmals hörte. Schon in meiner Kindheit, als meine Mum mich im Haus unserer Nachbarn erwischt hatte, hatte sie gesagt, dass ich irgendwann wegen meiner Neugierde ein ziemliches Problem bekommen würde. Aber, meine Güte, es hätten damals wirklich Einbrecher sein können! Ich konnte ja nicht ahnen, dass es nur die alte Mrs. Stone gewesen war, die dort Blumen gegossen und die ich mit dem Rasenrechen zu Tode erschreckt hatte. Trotzdem siegte die Neugier auch dieses Mal, und ich lief weiter.

»Scheiß drauf! Gib mir ein Pflaster, dann mache ich das allein! Fickt euch alle, und lasst mich einfach in Ruhe!« Irgendetwas knallte auf den Boden, und ich zuckte zusammen. Ich sollte hier nicht lauschen, sondern am besten am Zimmer vorbeirennen. Und zwar so schnell wie möglich, denn wenn mich dieser Jemand, der eindeutig ein Aggressionsproblem hatte, erwischte … Ich dachte lieber nicht weiter darüber nach.

»Jetzt reiß dich endlich zusammen, Shawn! Deine Augenbraue ist aufgeplatzt, deine Lippe blutet, dein halber Körper ist geprellt, und du siehst richtig scheiße aus! Du brauchst einen Arzt oder so etwas in der Richtung!«

Seufzend zögerte ich. Ich hatte mein Studium zwar nicht beendet, genau genommen nur zwei Jahre Medizin studiert, aber im Platzwundennähen war ich die unangefochtene Meisterin unseres Unikurses gewesen. Zumindest, was die zahlreichen Versuche mit Schweinehaut betraf. Außerdem hatte ich mir vorgenommen, jedem Menschen zu helfen. Waren sie auch noch so große Arschlöcher. Blöder, lebensmüder Kodex …

Ich ging weiter und spähte vorsichtig in den Raum. Der Typ sah wirklich übel aus. Und es war tatsächlich der von gestern. Er hatte sich zwar einfach aus dem Staub gemacht, trotzdem hatte er mir zuerst helfen wollen. Auch wenn das Wie eine ganz andere Geschichte war.

»Willst du ein Autogramm oder ein Kind von mir?«, knurrte er plötzlich und fixierte mich wütend. Das böse Funkeln gelang ihm nicht vollständig, weil seine Augen mindestens auf das Doppelte angeschwollen waren. Langsam drehten sich der

Schwarzhaarige und noch ein weiterer Typ in der Umkleide um und musterten mich entgeistert.

»Keine Fotos!«, sagte der Schwarzhaarige rüde und kam auf mich zu. Wahrscheinlich wollte er die Tür schließen.

»Ich bin Ärztin«, log ich, und er hielt inne. Die Blicke der drei Männer schienen mich zu durchbohren. »Na gut, fast, viertes Semester. Aber eine Platzwunde kriege ich noch hin.« Selbstbewusst betrat ich den Raum und ging auf diesen Rage zu. Seine Miene drückte eine Mischung aus Verwunderung und Abweisung aus. Hätte er allein mit seinem Blick die Temperatur regeln können, wären es garantiert arktische Zustände in der kleinen Umkleidekabine gewesen.

»Wir brauchen keine Hilfe«, murrte er und drehte den Kopf von mir weg. Herrisch fasste ich nach seinem Kinn und zwang ihn, mich wieder anzusehen. Ich musste etwas näher an sein Gesicht herangehen, um mir das gesamte Ausmaß der Katastrophe anschauen zu können, denn ehrlich gesagt, war ich ziemlich weitsichtig. Zum Lesen brauchte ich eigentlich eine Brille, die ich jedoch aus Eitelkeit nie mit mir herumschleppte.

»Ich sehe ja, wie gut ihr das hinbekommt! Klar, die Wunde wächst von ganz allein zu. Allerdings ist sie dann vielleicht so entzündet, dass du auf dem Auge das Sehvermögen verlierst. Aber mach dir nichts draus. Du hast ja zwei Augen.« Ruckartig ließ ich ihn los und sah, wie dem braunhaarigen Typen mit den grauen Schläfen der Mund aufklappte.

»Wo haben Sie Desinfektionszeug?«, wandte ich mich an ihn. »Ich brauche außerdem Nadel und Faden. Es sei denn, Mister Rage möchte heute Nacht noch ins Krankenhaus fahren? Dann kann ich gerne wieder gehen.« Ich sah Rage an und verschränkte die Arme vor der Brust. Wir lieferten uns ein erbittertes Duell im Niederstarren. Als er sich aufrichtete, wehte ein leichter Hauch seines Geruches zu mir herüber, weil er mir somit noch näher kam. Sein Duft war männlich, hart und er roch ein wenig nach Shampoo. Schweiß überzog seinen kompletten Oberkörper, und erst jetzt nahm ich wahr, dass er obenrum nackt war. Sein Körper war wie gemeißelt. Feste Muskeln unter straffer, gleichmäßiger Haut. Seine enormen Brustmuskeln zuckten, als er sich mir ein Stück entgegenstreckte, und ich wartete auf seinen verbalen Angriff. Überraschenderweise hielt er den Mund.

»Hier«, sagte der Schwarzhaarige, drückte mir die Utensilien in die Hand und unterbrach unser Gestarre, bei dem ich kurz davor gewesen war, es zu beenden. Der Blick aus Rages hellen, blauen Augen war so eindringlich, dass es direkt unter meiner Haut kribbelte und ich mir seiner Präsenz mehr als bewusst wurde. Ich hätte mich doch nicht einmischen sollen!

»Du hast Eier, Bambi«, sagte Rage rau. Ein kleines Grübchen tauchte an seiner rechten Wange unter den dichten Stoppeln auf, als er ein klein wenig den Mundwinkel anhob.

Ich verkniff mir das Schmunzeln. »Ich heiße nicht Bambi.«

»Ich kenn deinen Namen ja noch nicht«, erwiderte er überheblich grinsend. Er war so arrogant, dass ich platzen könnte!

»Lauren.«

»Mir gefällt Bambi besser …«

Vorsichtig setzte ich das mit Desinfektionsmittel getränkte Stück Mullbinde auf die offene Wunde an seiner Augenbraue. Er zischte und wich zurück. »Das brennt!«

»Echt jetzt? Halt den Mund! Außerdem kommt das Schlimmste erst noch«, sagte ich bestimmt. Ich durfte keine Schwäche vor ihm zeigen, denn ich war mir sicher, dass er diese sofort ausnutzen würde. Im gleichen Moment, in dem ich die sterile, frisch ausgepackte Nadel über seinem Auge ansetzte, schoss mir eine Idee durch den Kopf. Offensichtlich hatte er gerade jemanden gefeuert, oder zumindest war dieser Joe abgehauen. Das wäre meine Chance, backstage bei allen Kämpfen dabei zu sein und diesen Drecksack Darren endlich zu erwischen. Auch wenn ich mir dafür Mister Rage Sonnenschein antun müsste. Aber auch das würde ich hinbekommen. Bisher klappte es doch ganz gut.

Ich wusste, am Ende dieser Woche würden alle Sieger nach Atlanta reisen, und laut meinen Recherchen war Darrens Schützling Junus Sawyer ebenfalls dabei. Wenn nicht Darren, dann musste *er* mir sagen können, wo Gini war! Auch wenn der Plan wahrscheinlich absolut bescheuert war, denn ich musste dafür meinen festen Praktikumsplatz kündigen und meine Mum allein lassen. Aber es war der einzige Strohhalm, nach dem ich greifen konnte. Ich war ein Fels!

»Hast du wenigstens gewonnen, wenn du schon so beschissen aussiehst?«, fragte ich wie nebenbei, um sicherzugehen, dass ich mich hier an den Richtigen hängte.

»Was denkst du denn?« Im Augenwinkel sah ich die weiße Zahnreihe, die sein überhebliches Grinsen entblößte, also nahm ich mal an, dass er tatsächlich als Sieger aus dem Kampf gegangen war. Mein Ticket!

Es herrschte einige Zeit Stille, bis Rage erneut den Mund öffnete. »Bambi, hätte ich gewusst, dass ich dich auf die Art dazu bringe, mich anzufassen, hätte ich mir gestern von den Kerlen die Fresse polieren lassen.«

Ich brauchte einen kurzen Moment, bis ich verstand, was er meinte. Danach zog ich meine linke Hand schnell zurück, mit der ich mich gedankenverloren beim Nähen auf seiner breiten Schulter abgestützt hatte. Meine Wangen brannten wie Feuer, genauso wie meine Handfläche, denn seine Haut war heiß wie ein Ofen.

Mist. Ich war doch ein Kieselstein.

Kapitel 6

Shawn

Royal Blood
Figure It Out

Hätte ich doch nichts gesagt, dann läge ihre kleine Hand weiterhin auf meiner Schulter. Sie hatte sich so weit zu mir heruntergebeugt, dass ich ihren Duft wahrnahm, der mir kurzzeitig völlig den Kopf vernebelte. Ich erinnerte mich an diesen Geruch, als wäre es gestern gewesen. Lilien. Früher war unser gesamtes Haus voll davon gewesen, weil meine Mum nicht genug kaufen konnte. Ich musste den Gedanken daran verdrängen. Es machte gerade viel mehr Spaß, die Kleine zu ärgern. Ich hatte gestern schon mitbekommen, dass sie einen Dickschädel hatte, aber heute amüsierte es mich köstlich. Während sie mein Gesicht versorgte, hatte ich sogar vergessen, dass mein Puls immer noch jenseits der zweihundert schlug.

»Kannst du das auch wirklich? Ich hab keine Lust auf eine zweite Narbe«, witzelte ich, versuchte aber stillzuhalten. Auch wenn ich mir das Zucken, jedes Mal, wenn die Nadel meine Haut durchstach, nur schwer verkneifen konnte. Es tat schweineweh … Doch anmerken lassen würde ich mir das vor ihr nicht.

Ihr Blick wanderte zu meiner anderen Augenbraue, denn genau darauf spielte ich an. Nur dass es damals kein professioneller Kampf gewesen war. Es war lediglich ein nettes Andenken an meinen Bruder Kane.

Sie konzentrierte sich wieder auf ihre Arbeit und beugte sich noch ein wenig weiter vor. Ihr Duft umhüllte mich, und ich schloss kurz die Lider. Hauptsächlich, um ihr nicht ständig in den Ausschnitt zu starren, denn ihr lockeres Bandshirt war ziemlich weit ausgeschnitten. Dazu die wahnsinnig enge Jeans, die ihre schlanken Beine betonte … Ja, daran hätte ich mich tatsächlich gewöhnen können. Ich studierte ihre feinen Gesichtszüge und zählte die winzigen Sommersprossen auf ihrer Nase, um mich abzulenken.

»Wenn du weiter so zappelst, mach ich diese Narbe sogar noch etwas größer«, sagte sie tadelnd, und ihre Zunge leckte kurz über ihre Unterlippe, während sie konzentriert die rehbraunen Augen zusammenkniff.

»Brauchst du eine Brille, Bambi?«

»Nur zum Lesen. Glücklicherweise hast du keine Buchstaben im Gesicht«, gluckste sie, und mir wurde plötzlich ganz anders. Sie stellte sich aufrecht hin, schnitt den Faden ab und legte das Nähzeug neben mich auf die Bank.

»Fertig.« Ein letztes Mal desinfizierte sie alles und hielt mir einen kleinen Spiegel hin, den ihr Rob gegeben hatte.

Sam trat näher und inspizierte die Wunde. Meine Lippe war gereinigt, selbst die restlichen Blutspritzer hatte sie noch aus meinem Gesicht gewischt, und meine Augenbraue war fast die alte.

»Saubere Arbeit. Gut gemacht, danke«, sagte Sam und lächelte sie an. Ihre Augen blitzten für meinen Geschmack ein wenig zu interessiert in seine Richtung, als er ihr die Hand hinstreckte.

»Samuele Diaz. Aber du kannst gerne Sam zu mir sagen. Du hast tatsächlich den Löwen gebändigt.« Sein überhebliches Grinsen würde ich ihm gleich aus dem Gesicht wischen.

»Lauren Brooks, und es war mir sogar beinahe ein Vergnügen.«

Sams Blick zuckte amüsiert zu mir, bevor er sich wieder Bambi widmete.

»Würdest du mal bitte mit nach draußen kommen?«, fragte er an sie gewandt.

Sie nickte, und Sam führte sie mit der Hand an ihrem Rücken hinaus.

Schnell stand ich auf. »Bye, Bambi«, rief ich ihr hinterher, und sie hob nur die Hand, ohne sich noch einmal umzudrehen. Frech. Ich konnte das Schmunzeln nicht unterdrücken, während ihr bombastischer Arsch aus dem Zimmer verschwand. Was auch immer Sam von ihr wollte, ich würde es ganz bestimmt erfahren, wenn er zurück war.

»Ich fahr dann schon mal vor ins Hotel. Hier ist alles erledigt, oder? Kommst du jetzt mit oder fährst du nachher mit Sam?«, fragte Rob.

»Ich bleib noch. Kannst schlafen gehen. Danke, Rob, bis morgen!« Ich schnappte mir ein Handtuch und frische Kleidung und ging in die angrenzende Dusche. Eigentlich war der Drang, draußen nach Sam und Lauren zu sehen, deutlich größer, aber ich hatte schließlich noch etwas vor. Auch wenn ich ziemlich geschafft war, fluteten Bilder von diesem erbärmlichen Kampf heute, meinen Kopf, und die musste ich unbedingt verdrängen. Das warme Wasser prasselte auf mich herunter, und ich spürte jeden Knochen einzeln. Vorsichtig inspizierte ich meinen Körper und konnte mehrere Blutergüsse zählen. Morgen waren sie garantiert noch größer. Scheiß drauf. Das war ich gewohnt.

Als ich fertig mit Duschen war, trocknete ich mich ab, schlüpfte in eine Jeans und ein dunkelblaues Hemd und trat wieder raus in die Kabine. Sam stand mit verschränkten Armen mitten im Raum.

»Du kannst nicht, wie es dir passt, jedes Mal das Arschloch raushängen lassen und die Leute in deinem Umfeld so anfahren! Wegen dir hat Joe heute gekündigt!«

»Den Job als meine Mum machst du wirklich gut. Dir fehlt noch ein bisschen der liebevolle Touch, aber ansonsten wirst du immer besser.« Ich ging zu meiner Sporttasche und verstaute die verschwitzten Klamotten darin.

»Du hast so viel Potenzial. Nur weil du deine Aggressionen nicht bündeln kannst und sie nicht unter Kontrolle kriegst, versaust du dir vielleicht die Teilnahme in Atlanta! Was war das gestern mit diesen Typen, was Lauren meinte? Wolltest du dich schlagen?«

»Natürlich nicht«, schnaufte ich und schloss den Reißverschluss.

»Du weißt: Wenn du woanders außer im Ring kämpfst, wirst du bei den offiziellen Wettkämpfen ausgeschlossen!«

Ich drehte mich zu ihm um. Schade, dass ich ihn meistens gernhatte, denn ansonsten hätte ich ihn schon längst vermöbelt. »Wo ist Bambi?«

»Lauren ...« Er betonte ihren Namen überdeutlich. »Ist gegangen. Sie hatte dich erstaunlich gut unter Kontrolle. Keine Ahnung, ob du sie extra gelassen hast, weil du sie vögeln oder beeindrucken wolltest, aber ich habe mit ihr über einen Job gesprochen.« Ich zuckte mit den Schultern, tat so, als ob es mich eigentlich nicht interessierte. Menschen kamen und gingen sowieso ständig in meinem Leben. Wenige blieben länger, die meisten waren nach einer Nacht schon wieder weg. Auch wenn mich der Gedanke, Lauren wiederzusehen, ein wenig freute.

»Hey, Baby!« Oliv, die süße Blonde von gestern, tauchte in der Tür auf und hob ihre Hand. Sie trug ein hautenges rotes Kleid, und ihre hellen Haare hingen offen über ihren Rücken. Scharf.

Sam betrachtete sie verächtlich. »Ernsthaft? Shawn, der Kampf war hart, du solltest wirklich mit ins Hotel gehen und dich erholen. Außerdem hast du schon genug Werbeverträge wegen deiner Eskapaden in der Öffentlichkeit verloren!«

»Ich kann ja für Wodka Werbung machen, vielleicht deckt sich das eher mit meinen Freizeitaktivitäten. Denn genau das ist es. Freizeit bedeutet, dass du, als mein Manager, den ich bezahle, die Klappe zu halten hast. Du kannst mir gerne zu meinem Job Ratschläge geben, aber es heißt trotzdem nicht, dass ich diese auch befolge.«

»Als dein Manager, ja, aber als dein Freund rate ich dir, dich so langsam mal wieder einzukriegen!«

Oliv sah nervös zwischen uns hin und her.

»Komm, Süße, wir gehen!« Ich lief auf sie zu und warf meine Sporttasche auf den Boden vor Sams Füße. »Kannst du mit ins Hotel nehmen.«

»Du bist ein richtiges Arschloch. Aber da erzähle ich dir ja nichts Neues«, fauchte er.

Ich legte den Arm auf Olivs Schulter ab und drückte sie Richtung Ausgang. »Nein, das wusste ich schon.«

»Lauren kommt morgen um zehn Uhr, und das Lauftraining mit Rob beginnt pünktlich um elf! Morgen gibt es keinen Ruhetag für dich, denn anscheinend brauchst du den nicht. Und ich rate dir, dass du dann fit bist! Überlege dir gut, ob du die einzigen beiden Menschen in deinem Leben auch noch vergraulen willst, Rage.« Er spuckte meinen Spitznamen aus wie ein Schimpfwort. Wut wallte erneut in mir auf, doch die Gedanken an eine große Flasche Wodka und eine Nummer mit Oliv ließen mich weiterlaufen.

Kapitel 7

Lauren

Red Hot Chilli Peppers
Dark Necessities

Als ich wieder zurück bei unseren Plätzen war, musste ich Hunter direkt erklären, wo ich so lange gewesen war. Als er von dem Jobangebot erfuhr, wäre er fast geplatzt. Ich, Lauren Brooks, bekennende Gewaltgegnerin, bei einem Typen wie Rage Dawson. Niemals. Es hatte einige Zeit gedauert, bis ich ihn davon überzeugen konnte, dass dies der einzige Weg war, Gini zu finden. Irgendwann hatte er aufgegeben. Gegen meinen Dickschädel kam auch er nicht an.

Doch in Wirklichkeit zweifelte ich bereits. Wenn selbst Hunter diesen Rage kannte, obwohl er nur durch seinen Freund Chris etwas mit dem Sport zu tun hatte, konnte das nichts Gutes bedeuten. Deshalb ging ich zu Hause direkt auf die Suche. Das Internet spuckte interessante Details aus, die ich lieber nicht gewusst hätte. Über seine Familie stand dort nicht viel. Nur dass er ursprünglich aus Atlanta kam, beide

Elternteile wohl noch dort lebten und er zwei jüngere Brüder hatte. Thomas und Kane.

Anders sah es mit den letzten Jahren aus. Er wurde mehrfach wegen Körperverletzung angezeigt, jedoch nie wirklich belangt, nur zweimal von den offiziellen Wettkämpfen ausgeschlossen. Außerdem glänzte er mit diversen Frauen- und Alkoholgeschichten. Auf jedem Bild war eine andere Tussi in seinem Arm zu sehen, genauso wie mindestens ein Glas, dessen Inhalt wahrscheinlich nicht Wasser war. Okay, die oberkörperfreien Werbefotos einiger Modemarken musste ich mir zu Recherchezwecken etwas genauer ansehen. Aber das war rein aus geschäftlichem Interesse! Na gut, was machte ich mir vor … er war extrem heiß.

Nun wurde ich noch nervöser, wenn ich daran dachte, tatsächlich für ihn zu arbeiten. Solch ein unkontrollierbares Kraftpaket, bestehend aus Muskeln, Testosteron und unterdrückter Wut, war nicht zu bändigen. Ich hatte nur halb mitbekommen, wie er seinen Manager Sam angefahren und was mein Vorgänger über ihn gesagt hatte, aber das hatte mir eigentlich schon gereicht.

Trotzdem stand ich hier mit meinem alten Chevrolet vor dem teuersten Hotel der Stadt. Wahrscheinlich kostete allein das Frühstück dort mehr als unsere Monatsmiete. Man verdiente wohl als Kämpfer nicht schlecht, zumindest wenn man noch einige bedeutende Werbedeals an Land zog. Das konnte sicherlich nicht jeder, aber ich musste leider zugeben, ein

Gesicht wie Shawns sah man gerne auf einem Foto. Oder einer Leinwand. Ungeachtet dessen, dass sein Charakter das Gegenteil von angenehm war.

Der Page klopfte an mein Autofenster, und ich kurbelte es quietschend nach unten. »Miss, möchten Sie hier aussteigen? Soll ich Ihren Wagen parken?«

»Ja, klar«, murmelte ich, sammelte meine Handtasche vom Beifahrersitz und stieg aus. Widerwillig übergab ich ihm den Schlüssel. Auch wenn mein Pick-up nicht unbedingt eine Luxuskarosse war, war es doch mein einziges Auto, und ich hatte auf gar keinen Fall Geld für ein neues.

»Die Kupplung hängt ein wenig im ersten Gang, und seien Sie zart mit dem Gas! Er ist etwas zickig!«, rief ich dem Hotelangestellten zu, während er sich auf den Sitz schwang. Wahrscheinlich fuhr er sonst nur schweineteure Sportwagen mit einem Getriebe wie weiche Butter. Ja, bei meinem Geschoss musste man noch richtig hart arbeiten. Der Keilriemen quietschte einmal auf, als sich mein Auto in Bewegung setzte, und ich trat schnell die Flucht an, bevor ich hier draußen noch mehr Aufmerksamkeit erregte.

Das Hotel war gigantisch. Allein die Eingangshalle schrie so laut, dass ich nicht hierhergehörte, wie die Türgriffe an der Drehtür vergoldet waren. Die riesige, antike Standuhr mitten in der Halle tickte anklagend, als ich räuspernd an den Empfang trat.

»Guten Tag, ich habe einen Termin mit Shawn Dawson.«

Der Blick der jungen Empfangsdame nahm einen verträumten Glanz an, während sie auf ihre Tastatur tippte. Also hatte er hier auch schon sein Revier markiert. Toll.

»Ihr Name?«

»Lauren Brooks.«

»Ah ja, hier, Sie wurden angekündigt. Nehmen Sie den Aufzug in den zweitobersten Stock. Ich melde Sie an, dann werden Sie abgeholt.«

»Vielen Dank«, sagte ich und befolgte ihre Anweisungen. Im Lift angekommen sah ich auf die kleine Tätowierung an meinem linken Handgelenk. Es war die beste Möglichkeit, nach fünf langen Monaten endlich an Gini heranzukommen. Alles andere, was ich versucht hatte, war gescheitert. Über Shawn musste ich einfach in Darrens Nähe rücken. Ich zog das durch!

Die Türen glitten auf, und Sam kam mir direkt entgegen. »Lauren! Schön, dass du gekommen bist!«, sagte er freundlich, und ich schüttelte ihm die Hand.

»Danke noch mal für das Angebot.«

Er deutete den Flur hinunter, und wir setzten uns in Bewegung. »Es ist sehr mutig von dir, dass du es versuchen willst. Lauren, ich möchte ehrlich zu dir sein, Shawn ist meistens nicht gerade einfach. Weiß Gott, weshalb ich immer noch bei ihm bin. Manchmal kann er eben zeigen, dass er doch kein schlechter Kerl ist.«

»Davon bin ich überzeugt«, antwortete ich ironisch.

»Ich meine das ernst. Wenn man sich so viele Jahre kennt wie wir, dann gibt es Höhen und Tiefen. Nur dass Shawns Tiefen wirklich tief sind, wenn du verstehst, was ich meine. Er hat viele Menschen vergrault, aber lass dich von ihm nicht einschüchtern. Ich glaube, nach der Feuerprobe gestern kriegst du das ziemlich gut hin.« Er zwinkerte mir zu, und ich erwiderte sein Lächeln. Sam war nett, hatte warme braune Augen und zumindest Manieren. Wenn er mir mit Shawns Ausbrüchen helfen würde, wäre das bestimmt alles kein Problem. »Du meintest gestern, du hast ein angefangenes Studium als Ärztin, mittlerweile eine Ausbildung als Physiotherapeutin und arbeitest seit einiger Zeit als Praktikantin in einer Praxis?«

»Ja genau. Wir hatten zwar keine professionellen Sportler da, eher die üblichen Hausfrauenverletzungen, aber mit Massagen, Regeneration und dem ganzen Zeug kenne ich mich aus.« Ich verschwieg ihm, dass das durch meine Mutter mein Spezialgebiet war.

»Okay, das ist gut, sehr gut sogar.«

»Wie sieht denn der Tagesablauf aus, also, wofür wäre ich zuständig?«

»Zum einen natürlich, ihn nach den Fights wieder aufzupäppeln. Dafür hast du dir gestern eine glatte Eins mit Sternchen verdient.« Wir blieben vor einer Zimmertür stehen. »Shawn hat drei bis vier Trainingseinheiten pro Tag. Jede ungefähr eine Stunde bis zwei. Zwischendrin muss er etwas essen oder erhält dann durch dich die Therapie. Ich lasse dir da ganz freie Hand, du kennst dich in dem Bereich besser aus als ich. Sonntag ist Ruhetag, auch für dich.«

Ich nickte. »Okay, das kriege ich hin. Und wie ist die nächste Zeit geplant, wann sind die Kämpfe und so was?«

»Die sind unregelmäßig am Wochenende, jeder in einer anderen Stadt. Nächste Woche sind wir in Atlanta. Ich hoffe, du hast nichts gegen das Reisen?«

»Nein, ich dachte mir schon, dass es darauf hinausläuft.«

»Gut. Wir arbeiten im Moment auf die Qualifikation für die Weltmeisterschaft hin. Der letzte Kampf ist in einem dreiviertel Jahr in Las Vegas, dafür muss er aber erst Atlanta und New York gewinnen. Du kannst dir denken, dass seine derzeitige Verfassung dafür ein wenig problematisch ist. Vielleicht hat er genau so etwas wie gestern nötig. Jemanden, der ihm die Stirn bietet und sich nicht kleinkriegen lässt. Er braucht eine Spur und Hilfe, diese wiederzufinden. Ich glaube, du könntest ihn wirklich unterstützen.«

»Ich hoffe es …« Puh, in einem dreiviertel Jahr? Dann wäre ich lange von zu Hause weg … Aber nur, wenn ich bis dahin Gini nicht finden würde. Ich hatte schließlich die Möglichkeit, jederzeit nach Hause zurückzukehren.

»Außerdem zahlen wir gut. Hotel und Essenskosten gehen komplett auf uns, und pro Kampf, den du mit ihm aushältst, verdoppelt sich dein Gehalt!«

Ich schnappte nach Luft. Verdoppeln? Shawn musste tatsächlich ein riesiges Arschloch sein, denn diese Summe sollte man wohl als Schmerzensgeld sehen.

»Dann lass uns mal mit ihm darüber sprechen.« Sam zog die Zimmerkarte durch den Leser und öffnete die Tür. So langsam wurde ich doch aufgeregt, denn wenn Shawn Nein zu mir sagte, hätte ich meine Chance vertan.

Wir betraten das Hotelzimmer, das weitaus größer war als alles, was ich bisher gesehen hatte. Nein, es war kein Zimmer, dieses Wort wurde dem Raum vor uns auf keinen Fall gerecht. Es war eine Suite. Hier gab es ein Wohnzimmer, ein Esszimmer, einen Barbereich und zwei Türen, die wahrscheinlich in ein Schlaf- und Badezimmer führten.

»Setz dich bitte, ich hole ihn«, sagte Sam und deutete auf die Couch gegenüber der Tür, die er ansteuerte.

Ich nahm Platz und rieb meine eiskalten Handflächen aneinander. Plötzlich hörte ich erhobene Stimmen und fixierte starr die Tür vor mir, die aufging. Sam kam wieder heraus.

»Sorry, er kommt sofort«, sagte er etwas beschämt und lief im Zimmer auf und ab. Es dauerte weitere zehn Minuten, bis sich die Tür erneut öffnete. Aufmerksam sah ich nach oben, doch anstatt dass Shawn auftauchte, drückte sich eine dürre Blondine in einem nuttigen roten Kleid durch den Spalt. Wenigstens sah sie verlegen zu Boden, als unsere Augen auf sie gerichtet waren. Aha. Das war die Entspannung nach einem Kampf. Also waren es nicht nur Gerüchte im Internet gewesen. Shawn Dawson war tatsächlich ein Womanizer.

Als Blondie die Suite verließ, tippte Sam wütend mit dem Fuß auf dem feinen, dunkelblauen Teppich auf, was ein dumpfes Geräusch verursachte.

»Respektloser Penner …«, murmelte er, und ich strich mir an meiner schwarzen Hose den Schweiß von den Handflächen ab. Hätte ich gewusst, dass das so ein Bewerbungsgespräch wäre, hätte ich mich nicht mit Bluse, Stoffhose und schwarzen Ballerinas in Schale geworfen. Wenigstens trug Sam eine graue Anzughose und ein weißes Hemd. Just in diesem Moment trat Shawn alias mein neuer Arbeitgeber aus dem Zimmer. Er trug nichts weiter als dunkle, enge Boxershorts, die lässig auf seinen Hüften saßen. Ich stand auf und sah ihn fassungslos an. Kämpfer hatten ja noch schlimmere Allüren als durchgedrehte Rockstars! Mir stockte der Atem, als mein Blick auf seine Bauchmuskeln und den kleinen Haarstreifen fiel, der in seinen Shorts verschwand. Grundgütiger … Als ich nach oben sah, erkannte ich die Spuren vom gestrigen Kampf, und merkwürdigerweise setzte sich so etwas wie Bedauern in meiner Brust fest. Doch nur kurz, er hatte sich dieses Leben schließlich selbst ausgesucht!

»Guten Morgen«, sagte ich, und Shawn würdigte mich keines Blickes. Stattdessen schlenderte er zur Bar in der gegenüberliegenden Ecke und füllte sich tatsächlich einen Whiskey in einen Schwenker. Ich war fasziniert von dem Spiel seiner Rückenmuskulatur und den zwei perfekten Grübchen über seinem extrem beachtenswerten Hintern. Zumindest hatte ich die nächste Zeit etwas zu schauen.

»Auch einen?«, murmelte er über seine Schulter in unsere Richtung. Wenigstens hatte er so viele Manieren zu fragen.

»Shawn«, knurrte Sam bedrohlich, und dieser drehte sich um.

»Konterschnaps«, sagte er mit einem Schulterzucken und kippte den Inhalt des Glases hinunter.

Denk an Gini. Denk an Gini. Denk an Gini.

»Lauren ist wie besprochen wegen der freien Stelle hier. Ich dachte, vielleicht hast du einige Fragen?«, sagte Sam ungehalten und strich sich durch die schwarzen Haare.

Der intensive Blick, mit dem mich Shawn auf einmal musterte, machte mich verlegen. Er gab mir das Gefühl, als hätte mich noch nie jemand richtig angesehen – bis jetzt. Unruhig trat ich von einem Bein auf das andere und verschränkte die Arme vor der Brust. Ich blickte nach unten. Wenn ich nicht mit eigenen Augen sehen würde, dass ich tatsächlich Kleidung trug, hätte man annehmen können, Shawn sähe mich gerade nackt. Er ging auf mich zu. Eine Mischung aus frischem Duschgel und dem Hauch des Whiskeys wehte zu mir herüber, als er sich knapp vor mich stellte. Ich legte den Kopf in den Nacken. Gestern waren wir uns nur so nah gewesen, als er gesessen hatte, und meine Güte, war er riesig. Nie im Leben ließ ich mich durch seine beeindruckende Statur einschüchtern, da konnte er lange drauf warten.

»Fragen soll ich dir stellen, Bambi? Ich könnte dich fragen, welche BH-Größe du trägst. Aber eigentlich habe ich auf den ersten Blick gesehen, dass es mindestens C ist.«

Ich zog scharf die Luft ein.

»Shawn!«, donnerte Sam vom anderen Ende.

Denk an Gini! Denk. An. Gini!

»Ich frage dich schließlich auch nicht nach der Größe deines besten Stückes«, sagte ich, und er zog eine Augenbraue nach oben. Das Grübchen kam wieder aus seinem Versteck.

»Ich könnte es dir auch zeigen, wenn du darauf stehst.«

»Worauf ich stehe, geht dich verdammt noch mal überhaupt nichts an. Aber ich sehe, dass du ein Problem mit Grenzen hast, und als mein zukünftiger Arbeitgeber solltest du diese respektieren. Private Fragen werde ich nicht beantworten.«

»So förmlich heute? Dein Ramones-Shirt und die Chucks haben mir besser gefallen. Aber wenn du die Tour willst, gerne, Bambi. Du kannst ruhig Mister zu mir sagen oder es laut stöhnen, ich lasse dir die Wahl.« Mein Herz hämmerte ungestüm aufgrund seiner Worte, die er zum Schluss nur noch rau gehaucht hatte. Ich spürte die Stimmung im Zimmer, die zum Zerreißen gespannt war. Es fehlte nur noch ein winzig kleiner Tropfen, und das Fass wäre so was von übergelaufen. Genauso wie mein verräterisches Höschen. Anscheinend hatte der untere Bereich meines Körpers vergessen, dass ich die Akte Männer geschlossen hatte. Denn er pulsierte in Shawns Nähe auf einmal höchst unsittlich.

»Danke für den Vorschlag. Das nächste Mal übrigens pünktlich, denn ich habe nicht vor, meine Zeit hier zu vergeuden, Mister Dawson.«

»Wahnsinn, ich steh drauf, wenn du so mit mir sprichst«, raunte er heiser, und seine Augen wanderten zu meinen Lippen. Verdammt! Wieso brachte mich gerade dieser sehnsüchtige Blick vollständig aus dem Konzept? Ich musste unbedingt auf Abstand gehen, um diesen Irrsinn zu überstehen. Hastig ging ich einen Schritt an ihm vorbei und auf Sam zu, der mich mit einer Mischung aus Belustigung und Schock betrachtete.

»Wann geht es los, Sam?«

»Ach, Sam ist dein Ansprechpartner? Ich dachte, ich wäre dein Arbeitgeber!« Ich ignorierte Shawns Einwände hinter meinem Rücken.

»Wenn du willst, kannst du heute Abend einchecken. Ein Zimmer steht bereit, und die letzte Trainingsstunde endet um acht.«

»Super, dann fahre ich heim, hole meine Sachen und komme wieder zurück.«

»Danke, Lauren.«

»Ähm, hallo?« Shawn tauchte links in meinem Sichtfeld auf.

»Macht er immer einen auf Einzelkind, wenn er keine Beachtung bekommt?«, fragte ich Sam, und er musste sich auf die Lippen beißen, damit er nicht laut loslachte. »Bis später, Sam.« Ich wandte mich an Shawn, der die Arme vor der Brust verschränkt hatte und mich fast beleidigt ansah. Aufmerksamkeit war er wohl gewöhnt. War ich froh, dass ich eine kleine Schwester hatte, bei der ich lernen konnte, genau solche Angewohnheiten zu ignorieren.

»Bis später, Mister Dawson.«

»Ach komm schon!« Ich lief an ihm vorbei und warf schwungvoll die Tür hinter mir zu. So schwierig würde es schon nicht werden. Solange ich auf Abstand blieb!

Kapitel 8

Shawn

Bloc Party

Banquet

Die Tür fiel hinter Lauren ins Schloss.

»Ich brauche keinen Aufpasserdrachen!«, donnerte ich und drehte mich zurück zu Sam, der ein Grinsen offenbar nur schwer unterdrücken konnte. »Ich weiß genau, was du hier abziehst!«

»Erstens, ist sie nicht deine Aufpasserin, sondern deine neue Physio, die du sehr wohl brauchst! Außerdem, was zieh ich denn ab? Du bist völlig von der Rolle, seitdem die Reise nach Atlanta immer näher rückt!«

Ich ging auf ihn zu, aber Sam ließ sich wie gewohnt kein Stückchen von mir einschüchtern. Er war fast genauso groß wie ich, nicht ganz so breit, dafür ebenfalls gut trainiert, weil er das ein oder andere Mal als mein Sparringpartner fungierte. Bisher konnte ich mit seiner Art, mir die Stirn zu bieten, gut umgehen, doch jetzt gerade sollte er besser Respekt vor mir haben!

»Wage es ja nicht, dir ein Urteil darüber zu bilden, was mit mir los ist. Du weißt einen Scheiß!« Meine Hände ballten sich zu Fäusten.

»Shawn, ich bin dein einziger Freund. Und als Freund habe ich die Pflicht, dir zu sagen, dass du dich so langsam einkriegen solltest, wenn du den nächsten Kampf gewinnen willst. Falls du nicht mehr kämpfen möchtest, auch gut, aber hab zumindest die Eier in der Hose und sag es, verdammt!«

»Ich will kämpfen«, knurrte ich, machte kehrt und ging Richtung Schlafzimmer, damit ich ihm nicht doch eine verpasste. Als ich es erreicht hatte, hörte ich hinter mir laut die Tür zuknallen und atmete tief ein und aus. Mein Schädel brummte noch von der gestrigen Nacht, aber wenigstens hatte ich für ein paar Stunden alles vergessen können. Es wäre zu schön, wenn dieser Zustand ewig andauern würde. Dennoch musste sich der Schleier jetzt schnellstens wieder verziehen und mein Kopf klarer werden, wenn ich das Training nicht kotzend in einer Ecke verbringen wollte. Rob war dafür bekannt, keine halben Sachen zu machen, und nach meinem Auftritt gestern, hatte er heute ganz sicher nicht vor, damit anzufangen.

Auch wenn es sich wahrscheinlich nicht lohnte, vor dem Training zu duschen, brauchte ich heißes Wasser, das mich ein wenig entspannte und zurückbrachte. In der gläsernen Duschkabine angekommen, traten unvermittelt Bilder in meinen Kopf, die ich nicht mehr unterdrücken konnte. Oder vielleicht sogar nicht wollte? Laurens Brüste, die sich prall unter der engen Bluse durchdrückten. Ihre vollen Lippen, die leicht offen standen, als ich nahe vor sie getreten war. Ihre schönen Augen, die mich herausfordernd und interessiert durch dunkle Wimpern musterten. Das warme Wasser prasselte auf meinen Rücken, und ich unterdrückte ein leises Keuchen. Meine Hand wanderte gezielt zu meiner halbharten Erektion. Glücklicherweise hatte ich die Anwandlungen meines Unterleibs eben einigermaßen kontrollieren können. Auch wenn mein Schwanz ein Eigenleben entwickelt hatte, als ich Laurens Duft, vermischt mit ihrem unglaublichen Parfüm, in mir aufgenommen hatte. Wären wir allein in dem Zimmer gewesen, hätte ich für nichts garantieren können. Erst langsam, dann immer schneller bewegt sich meine geschlossene Hand über meine Länge. Ich stellte mir vor, wie ich sie rücksichtslos in mein Schlafzimmer zog, ihre Bluse aufriss und die vollen Rundungen ihrer Brüste mit meiner Zunge entlangfuhr. Ihre Haut war sicherlich wahnsinnig weich, warm und glatt. Wie sie bei meinen Berührungen rau stöhnte und sich mir entgegenstreckte. Meine Finger zwischen ihre Beine glitten und ihre Hose öffneten. Ich spürte förmlich ihre kleinen Hände, die sich zu meinem Schwanz tasteten und über den Stoff meiner Shorts strichen. Ob sie genauso eng war, wie ich es mir vorstellte?

Weiter kam ich nicht. Puh, das ging schnell.

Erschöpft und einigermaßen befriedigt sank ich mit dem Rücken gegen die Duschwand.

Lauren nun regelmäßig zu sehen, kam mir sehr gelegen. Sie würde ihr Höschen schneller verlieren als mein nächster Gegner seinen Kampf. Dann müsste Sam sich zwar wieder um eine neue Physio kümmern, aber das würde er schon hinbekommen. War doch diesmal auch ganz zügig gegangen.

Nachdem ich aus der Dusche gestiegen war und mir eine graue Jogginghose und ein schwarzes Shirt angezogen hatte, setzte ich mir noch eine umgedrehte Basecap auf den Kopf und verließ die Suite. Müde fuhr ich nach unten, um Rob für eine Laufeinheit zu treffen. Da er wusste, dass ich Ausdauertraining extrem langweilig fand, leistete er mir ab und zu dabei Gesellschaft.

Sam wollte oft über jeden noch so kleinen Scheiß reden. Glücklicherweise war mein Trainer Rob, genauso wie ich, kein Mann vieler Worte. Aber er war ein guter Mensch und verstand mich, auch wenn wir nicht wie Weiber über jedes Problem philosophierten. Normalerweise leitete er sein Trainingscenter in New York, wo Sam und ich ihn kennengelernt hatten. Ich besaß dort eine Wohnung, und wenn etwas ungefähr an ein Zuhause rankäme, wäre es wahrscheinlich diese Stadt. Hauptsächlich weil ich zwischen den Wettkampfreisen dort anzutreffen war.

Rob hatte in New York Familie, eine Frau und zwei kleine Töchter. Er brauchte den Job bei mir nicht, um über die Runden zu kommen, tat es aber trotzdem. Ob aus Freundschaft, Mitleid oder einem anderen Grund, wusste ich nicht. Vielleicht war ich ihm deshalb doppelt dankbar, dass er das alles immer noch mit mir durchzog. Daher verlor ich auch kein Wort darüber, dass heute Sonntag und normalerweise Ruhetag war. Ich wusste, weshalb Sam und Rob trotzdem ein Training mit mir veranstalteten. Weil sie mich wieder erden und mir somit zeigen wollten, was ich hier eigentlich zu suchen hatte: kämpfen und siegen. Mehr nicht.

Der Aufzug kam im Erdgeschoss an, und ich lief durch die Eingangshalle zum Ausgang.

»Guten Morgen, Mister Dawson«, hörte ich die zuckersüße Stimme der Empfangsdame und zwinkerte ihr zu.

»Guten Morgen, Honey«, antwortete ich ihr und ging weiter nach draußen. Am ersten Abend hier hatte ich sie an der Hotelbar klargemacht. Seitdem versuchte sie einiges, um noch einmal in mein Bett zu kommen, aber ich hatte die gleiche Frau so gut wie nie zweimal. Wieso nicht? Keine Ahnung, sie langweilten mich einfach und wurden irgendwann anhänglich. Es kam mir ziemlich gelegen, dass wir uns regelmäßig in einer anderen Stadt befanden. Ich konnte so etwas wie eine Klette, getarnt als feste Beziehung, nicht gebrauchen. Wenn eine Frau anfing zu plappern, waren meine Gedanken oft meilenweit entfernt. Beim Training, bei Kampftechniken, bei meiner Vergangenheit … Wieso unnötig Ballast mitnehmen, wenn man sich auch so amüsieren konnte?

»Hey, Rob«, begrüßte ich meinen Trainer mit einem Handschlag. Er stand ebenfalls in Jogginghose und Shirt, mit dem Logo seines Fitnessstudios, vor mir und lächelte mich an. »Bereit?«

Ich nickte, und wir liefen zum Warmwerden in einem entspannten Trab los. Bei meiner Kondition konnte ich locker zwei Stunden durchlaufen, ohne müde zu werden. Wenn es nur nicht so eintönig gewesen wäre. Vielleicht lief ich deshalb gerne in New York durch die Straßen. Es gab immer irgendwas zu sehen. Hier war das etwas anders. Baton Rouge war eine nette Stadt, aber gegen die Großstadt war es ein ziemliches Nest.

»Alles klar bei dir?«, fragte Rob, und ich sah weiter geradeaus. Ich wusste, dass er bei dieser Frage Hintergedanken hatte.

»Logo.«

Er zögerte, ich spürte es daran, dass er ein wenig langsamer wurde. »Ich weiß, die nächste Station ist nicht leicht, aber seh es so: Wenn wir gewinnen, sind wir wieder in New York!«

»Du kannst dir nicht vorstellen, wie ich mich auf einen Milchshake und einen Burger im *Shake Shack* freue!«, sagte ich.

Rob lachte. »Ausnahmsweise lass ich dir diesen Ausrutscher dann mal durchgehen.«

»Aber nur weil du dich ebenfalls auf einen fetten Chickenburger freust!«

»Du vergisst eines; nur du musst einen Ernährungsplan einhalten. Ich kann essen, worauf ich Lust habe«, antwortete er belustigt.

»Wir nehmen Lizzy und die Mädels mit, okay? Du freust dich bestimmt auf sie.«

»Du kannst nicht ahnen, wie sehr …«

Diesmal wurde ich etwas langsamer. »Hör zu, Rob …« Ach verdammt, ich war in solchen Sachen wirklich nicht gut. Ehrlich gesagt war ich richtig beschissen in diesem ganzen gefühlsduseligen Kram. »Ich wollte dir nur …« Ich stockte und atmete stoßweise aus. Mein Blick glitt zum Asphalt unter mir, und ich kaute auf der Innenseite meiner Wange herum.

»Okay«, beantwortete Rob meine jämmerlichen Versuche, ihm zu danken, dass er monatelang seine Frau und Kinder nicht sah. Wegen mir.

»Danke.«

»Und jetzt fertig mit dem Getratsche, leg mal einen Zahn zu, damit das hier auch etwas bringt! Ich hoffe, du spürst bei jedem Atemzug die verdammten Zigaretten«, rief er und sprintete los. Ich schloss zu ihm auf, und mein Puls schnellte ein wenig in die Höhe. Ich musste zugeben, die Einheit tat gut. Ich spürte förmlich, wie der Alkohol der letzten Stunden mit dem Schweiß aus meinen Poren drang und ich von Schritt zu Schritt wieder klarer wurde. Zumindest ein Stück weit klarer, denn ein Teil meines Geistes hing immer noch bei Laurens Brüsten fest.

Kapitel 9

Lauren

Fall Out Boy

Centuries

Auf der Heimfahrt musste ich erst einmal wieder runterkommen, bevor ich gleich meiner Mum verklickerte, dass dies der Job meiner Träume war. Dieser überhebliche Typ! Einerseits ging mir seine Art tierisch auf die Nerven, andererseits musste ich lernen, sie einfach zu ignorieren, wenn ich das tatsächlich durchziehen wollte.

Die Frage war nur, würde er dann noch nerviger werden? Denn anscheinend mochte er die Aufmerksamkeit von allen Seiten und holte sie sich, wenn er nicht genug davon bekam. Sicherlich wurde er zu Hause gefeiert, verwöhnt und mit Geld und Geschenken überschüttet! Woher sollte sonst diese Art kommen? Schnösel! Musste so jemand wie er überhaupt mal richtig hart für seinen Lohn arbeiten? Gut, das Training war bestimmt nicht leicht, aber am Hungertuch hatte er wahrscheinlich noch nie genagt!

Und jetzt dachte er, er könnte mit genug Knete die ganze Welt kaufen. Nur leider den Sieg nicht, den er sich gestern fast selbst versaut hätte, wie ich von Hunter erfahren hatte. Tja, man konnte eben nicht alles mit einem Haufen Kohle richten! Aber leider sehr vieles.

Ich stieg die Treppen zu unserer Wohnung rauf und schloss die Tür auf.

»Mum, ich bin zu Hause!«, rief ich wie immer in den Flur und hörte sie im Wohnzimmer. Ich zog die Schuhe aus, legte meine Handtasche ab und ging zu ihr. Sie saß mit einem Buch auf der Couch und sah mich über ihre Brille hinweg an. Auch wenn ich äußerlich nicht so viel von ihr hatte wie Gini, für die Sehschwäche konnte ich mich eindeutig bei ihr bedanken.

»Hi, Schätzchen. Wie war das Bewerbungsgespräch?« Natürlich hatte ich meiner Mutter davon erzählt, nur hatte ich verschwiegen, dass es sich dabei um einen Kämpfer handelte, über den ich an Gini rankommen könnte.

»Gut, ich hab den Job!«, erwiderte ich gespielt freudestrahlend, und sie lächelte über das ganze Gesicht. Ich hasste es, sie anzulügen. Aber der Grund dahinter war schließlich wichtiger als mein schlechtes Gewissen.

»Komm her und erzähl mir alles«, sagte sie, legte ihr Buch zur Seite und klopfte auf den leeren Platz neben sich. Ich setzte mich leicht schräg ans andere Ende der Couch und winkelte mein rechtes Bein an.

»Also, er ist ein professioneller MMA-Kämpfer ...«

»MMA?«, unterbrach mich meine Mum.

»Mixed Martial Arts. Die boxen nicht nur, sondern dürfen auch Kicks einsetzen, auf der Matte ringen und Techniken vom Taekwondo nutzen. So wie dieses ganze Jackie Chan Ding.« Sie nickte, und ich war froh, dass Hunter mir gestern noch die Unterschiede erklärt hatte. »Auf jeden Fall brauchte er eine persönliche Physiotherapeutin. Die Bezahlung ist wirklich richtig gut, der einzige Haken ist, dass ich ziemlich lange weg sein werde«, sagte ich traurig.

Sie winkte ab. »Ist doch kein Problem! Matt ist da, und ich komm schon klar«, antwortete sie.

Das miese Gefühl, das sich immer einstellte, wenn ich sie allein lassen musste, drückte mich nach unten. »Bist du dir sicher? Ich kann es immer noch ablehnen.« Auch wenn ich das sehr ungern tun würde.

»Laurie, du warst nun so viele Jahre für mich da. Denk an dich und deine Karriere. Ich finde es großartig, dass du eigene Wege gehst!« Ich nickte stumm und senkte den Blick. »Du verschweigst mir was!«, sagte sie auf einmal.

Mist, sie kannte mich viel zu gut.

»Laurie!«

»Nein, Mum. Er ist nett, und ich denke, das bringt mich wirklich weiter!« Boah, das Wort *Lüge* prangte dick und fett auf meiner Stirn! Also wenn sie das nicht sah, brauchte sie unbedingt eine neue Brille!

»Laurie!«, sagte sie erneut tadelnd, und ich seufzte.

»Okay, meine Güte … Er kämpft für die gleiche Veranstaltung wie der Typ, den Darren Malone unter Vertrag hat. Also ist die Chance groß, dass ich an ihn und somit endlich an Gini rankomme!«

»Bist du wahnsinnig? Du willst dich da einschleichen?«

»Ich schleiche mich nicht da ein … Nicht so richtig. Ich arbeite dann dort und darf regulär in den Backstagebereich.«

»Ich wusste, dass mehr dahintersteckt! Wieso solltest auch gerade du bei einem Kämpfer anfangen? Du hasst das! Laurie, ich halte das für keine gute Idee!«

»Mum«, bettelte ich und griff nach ihren Fingern. »Du würdest dasselbe tun, wenn du könntest. Ich finde es toll, dass du Gini und mir so sehr vertraust, dass du denkst, wir würden immer wieder zurück nach Hause kommen. Aber ich glaube, dass Gini da allein nicht rauskommt. Sie muss dort irgendwo sein, ich weiß es!«

»Was ist mit deinem Job? Willst du ihn einfach kündigen?«

»Ich war nur eine Praktikantin. Du weißt selbst, dass mein Platz dort extrem unsicher war. Außerdem, die Bezahlung ist wirklich richtig gut und ich könnte dir mehr Geld geben …«

»Ich will dein Geld nicht!«, donnerte sie und presste die Lippen aufeinander. Schlechtes Zeichen, wenn sie das machte. Wenn sie jetzt noch schnaubte … was sie daraufhin direkt tat. Klasse.

»Aber du brauchst mein Geld! Sei doch nicht so stur!«

»Das sagt die Richtige! Du solltest lieber deinen Studienkredit abbezahlen oder weiterstudieren, wie du es eigentlich möchtest!«

Ich sprang auf und sah sie traurig an. Ich konnte ihr nicht sagen, dass Medizin damals nur Mittel zum Zweck gewesen war, uns von meinem Vater wegzubringen. Noch weniger konnte ich ihr ausreden, sauer auf mich zu sein, weil ich endlich die Initiative ergriff! Anstatt zuzusehen, wie Gini immer mehr von uns fortgerissen wurde! »Es ist mir egal, was du davon hältst. Ich mache es trotzdem und werde sie finden. Mit deiner Unterstützung oder ohne dich.«

Sie schüttelte den Kopf und verschränkte die Arme vor der Brust. »Ich werde nicht unterstützen, dass sich auch meine zweite Tochter in so eine Gefahr wagt!«

»Also gibst du zu, dass Gini Hilfe braucht?«

Sie schnaubte schon wieder. Sie würde nicht einlenken, das wusste ich, doch ich genauso wenig.

»Okay, ich geh packen. Vielleicht überlegst du es dir ja noch und traust mir zu, dass ich das schaffen kann«, sagte ich und lief in mein Zimmer. Ich musste das durchziehen, so viel stand fest. Auch wenn mir beim Gedanken, sie jetzt so zu verlassen, die Tränen in den Augen standen.

***

Der Streit mit meiner Mum wühlte mich immer noch auf. Sicher hatte sie gedacht, wenn sie offensichtlich sauer auf mich wäre, würde ich es mir anders überlegen und nicht gehen. Doch es führte nur dazu, dass ich ging, ohne mich richtig von ihr zu verabschieden. Was mich unsagbar schmerzte. Natürlich hatte ich im Auto Matt angerufen und ihm gesagt, er solle sich um sie kümmern, aber das war trotzdem nicht das Gleiche.

Ich hasste diese Ungewissheit, die ständig an mir nagte, und wünschte mir nichts mehr als endlich mein normales, langweiliges Leben zurück, in dem meine Mutter und meine Schwester die Hauptrolle spielten. Doch nun saß ich hier, auf einem gigantischen Doppelbett in einem riesigen Zimmer eines viel zu überteuerten Hotels, und starrte zur Wand, an der ein abstraktes, extrem hässliches Bild hing. Mein Koffer lag geschlossen hinter mir. Ich brachte es einfach nicht über mich, ihn jetzt auszupacken. Außerdem würden wir morgen sowieso hier weg sein, also machte es überhaupt keinen Sinn, mich häuslich einzurichten. Es fühlte sich kalt, falsch und einsam an, aber diese Bürde musste ich nun tragen. Für meine Familie. Für mein altes Leben.

Das Handy, mit dem ich gerade mal wieder versucht hatte, meine Schwester zu erreichen, lag noch in meiner Hand. Vergebens. Zumindest hatte ich kurz mit Hunter sprechen können, als er eben mein Auto geholt hatte. Trotz seiner Aufmunterungsversuche hatte ich ihm bestimmt fünf Minuten hinterhergesehen, als er weggefahren war. Selbst dieser Fluchtweg blieb mir nun verwehrt. In gewisser Hinsicht saß ich hier nun fest, was wahrscheinlich ganz gut war, denn ich war kurz davor, es mir anders zu überlegen.

Es klopfte zweimal an der Tür, und ich zögerte einen kleinen Moment. Schnell strich ich mir die einzelnen Tränen von der Wange und ging hinüber. Egal wer es war, er sollte nicht denken, dass ich eine Heulsuse wäre, die bereits in der ersten Stunde weg von zu Hause Heimweh bekam. Ich war eine erwachsene, selbstbewusste Frau. Zumindest meistens …

Ich zog die Tür auf, und Sam lächelte mich freundlich an.

»Hi, Lauren. Ich dachte, ich sage dir Bescheid, dass Shawn mit dem Training fertig ist und du deine Arbeit aufnehmen kannst.«

»Danke, das ist nett von dir.«

»Ist mit dem Zimmer alles in Ordnung? Fühlst du dich wohl?« Fast wäre meinen Lippen ein Schluchzer entschlüpft, weil ich so gerührt von seiner mitfühlenden Art war.

»Ja, klar. Es ist wunderbar!«, log ich.

Er nickte wenig überzeugt. Anscheinend war ich keine gute Schauspielerin. »Na dann. Ignoriere einfach alles, was Shawn von sich gibt. Es wird leichter, den Drang zu unterdrücken, ihm den Kopf abzureißen. Glaub mir.« Ein winziges Lächeln umspielte seine Mundwinkel.

»Davon gehe ich aus, sonst wärst du wohl auch nicht mehr hier, oder?«, versuchte ich zu spaßen, aber er sah auf einmal bedrückt aus.

»Du weißt noch, wo sein Zimmer ist? Hier den Flur runter, er weiß Bescheid und wartet auf dich. Die Massageliege wurde schon aufgebaut.«

»Danke, Sam.«

»Bis dann, zum Abendessen!« Er wandte sich ab und lief den Flur hinunter. Showtime. Das erste Mal allein mit Shawn Dawson. Ich konnte mir gerade noch so das Jubeln verkneifen.

Einige Minuten später ging ich nervös auf die Suite zu. Ich trug wieder Jeans und ein lockeres Shirt. So aufbrezeln wie heute Morgen würde ich mich garantiert kein zweites Mal für einen solchen Vollpfosten ohne Manieren. Selbstbewusst klopfte ich an die Tür und hörte ein »Ist offen!«.

Mein Herz wummerte heftiger, als ich den Vorraum betrat und ins Wohnzimmer ging. Dort sah ich bereits die mobile Liege, aber keine Spur von Shawn.

»Hallo?«, fragte ich unsicher in den Raum. Ich hatte ihn doch eben noch gehört. Auf einmal trat er direkt aus der geöffneten Tür des Schlafzimmers. Nackt. Komplett. Seine schwarzen Haare waren nass, anscheinend hatte er eben geduscht. Auf seinem massigen Körper befanden sich überall blaue Flecken von seinem gestrigen Kampf. Meine Güte, ich drehte mich zur Seite und versuchte ihn nicht anzustarren. Das wenige, was ich gesehen hatte, hatte mir gereicht, um mich in kürzester Zeit vollständig in

Brand zu setzen. Fein definierte Muskeln, ein perfektes V, das nach unten zeigte und meinen Blick flüchtig auf seine Lenden gezogen hatte. Ich konnte mir vorstellen, warum die Frauen reihenweise mit ihm ins Bett sprangen. Sein sonniger Charakter garantiert nicht.

»Hi, Bambi«, begrüßte er mich, und ich konnte sein unverschämtes Grinsen heraushören. Shawn war wirklich der Gipfel der Unsittlichkeit.

Er blieb neben mir stehen, und ich versuchte immer noch, den Blickkontakt zu meiden. Sein breiter Körper strahlte eine überwältigende Hitze aus. »Wo willst du mich haben? Auf der Liege? Auf dem Boden? Oder sollen wir gleich ins Schlafzimmer gehen?«, wisperte er in mein Ohr, und ich biss mir auf die Lippen, um nicht loszuschreien. Er machte mich wahnsinnig. Auf keine gute Art.

Entschlossen drehte ich mich zu ihm und sah ihm fest in die hellblauen Augen, durch die er wachsam jede meiner Regungen beobachtete. Ich musste mein Gefühl ihm gegenüber unbedingt in den Griff bekommen. Er war nur ein Mann! Ein einfacher, überheblicher, eingebildeter, egozentrischer Mann! Nichts weiter!

»Liege«, presste ich hervor, und er grinste mich mit seinen weißen, perfekten Zähnen an. Dafür war sein Gesicht immer noch demoliert. Geschah ihm recht! Der kurze Anflug von Mitleid, den ich heute Morgen empfunden hatte, war zum Glück wieder verschwunden.

»Dein Wunsch ist mir Befehl.« Glücklicherweise legte er sich auf die Liege, und zwar auf den Bauch. Schnell verdeckte ich seinen nackten, extrem knackigen Hintern mit einem Handtuch. So konnte ich endlich wieder durchatmen. Meine Güte, was für eine Wucht … Als hätte ich mit dem Körper einen Zug gestoppt.

»Gab es heute irgendwelche Probleme beim Training? Schmerzen in Schultern oder Beinen?«, fragte ich, und er drehte den Kopf zu mir. Bevor er ansetzen konnte, noch einen blöden Kommentar zu landen, hob ich die Hand. »Moment, vergiss es. Ich finde es selbst heraus!«

»Oh Baby, ich bin gespannt, was du dabei mit mir anstellst.«

Seufzend rieb ich meine Hände aneinander warm, bevor ich begann, seinen Rücken mit den Fingerspitzen abzutasten. Doch das war eigentlich unnötig, denn seine heiße Haut wärmte unverzüglich meine Handflächen. Er strahlte eine ungeheure Hitze aus, die mir bereits bei unseren vorherigen Begegnungen aufgefallen war. Wie ein immer laufender Motor, der jederzeit bereit zum Kick-down war.

Meine Finger glitten über seine enorme obere Rückenmuskulatur. Einen solchen Körper hatte ich selbst in der Physiopraxis noch nicht unter mir liegen gehabt. Fast hätte ich gegen meine Stirn geschlagen, um die unangebrachten Gedanken zu vertreiben, die einfach nicht verschwinden wollten.

Auf seiner warmen Haut befanden sich noch vereinzelte Wassertropfen, und ich roch sein göttliches Duschgel. Ich sollte mit Sam eine Gefahrenzulage verhandeln für diesen Job.

Ich löste Verspannungen in seinen Armen, Beinen und seinem Rücken. Meine Fingerspitzen sanken tief in sein ebenmäßiges Fleisch, und zwischendurch rutschte er nervös auf der Liege herum. Wenigstens hielt er den Mund, sonst hätte ich ihm diesen garantiert zukleben müssen.

»Du kannst erstaunlich fest zupacken mit deinen kleinen Händen.« War ja klar, dass er nicht zehn Minuten am Stück still sein konnte.

»Umdrehen«, befahl ich ihm und ging einen Schritt zurück. Dabei hielt ich das breite Handtuch weit nach oben über mein Gesicht, weil ich ihn nicht noch mal nackt sehen wollte. Ich hörte, wie er sich herumrollte, und legte das Handtuch auf seinem Unterkörper ab.

Großer Gott, unter dem dünnen Stück Stoff zeichnete sich eindeutig und klar sichtbar eine gigantische Erektion ab. Anscheinend hatte er meinen Blick richtig gedeutet und grinste mich wölfisch an. »Widmest du dich auch noch anderen Körperregionen, die hart und verspannt sind?«

Ich griff nach der Ölflasche und ließ sie mit einem Klatschen auf seinen Bauch fallen.

»Tut mir leid, ein Happy End zählt definitiv nicht zu meinem Arbeitsvertrag. Du musst wohl oder übel auf Handbetrieb umstellen. Ich wünsche noch einen schönen Abend.« Seinen Gesichtsausdruck hätte ich fotografieren sollen, doch ich drehte mich einfach um und stürmte aus dem Zimmer Draußen angekommen, lehnte ich mich gegen die Wand und atmete einige Male tief durch.

Sexuelle Belästigung am Arbeitsplatz war nicht witzig. Blöd nur, dass mein bescheuerter Körper seine Annäherungsversuche überhaupt nicht als Belästigung sah. Doch ich konnte unter keinen Umständen einknicken, denn ich brauchte diesen Job. Sein Benehmen würde vergehen, sobald er merkte, dass er mich damit nicht rumkriegen würde. Niemals!

Ich brauchte unbedingt eine Abkühlung.

Kapitel 10

Shawn

Papa Roach
She Loves Me Not

Oh Gott, Sam hätte doch lieber wieder einen Mann einstellen sollen. Denn es war klar, wenn Lauren mich so anfasste, könnte ich unter keinen Umständen standhaft bleiben. Wobei, das war wohl eher die falsche Beschreibung für meinen Zustand.

Schon bei der ersten Berührung ihrer Finger an meinem Rücken fiel mir das Liegen auf dem Bauch deutlich schwerer. Ich hätte sie einfach packen und zu mir ziehen sollen. Verdammt, wieso hatte ich es nicht getan? So musste ich heute schon wieder selbst Hand anlegen. Das zweite Mal wegen ihr! Wenn das so weiterging, bekam ich noch Hornhaut an den Handinnenflächen.

Außerdem bedauerte ich auch aus einem anderen Grund, dass sie gegangen war. Sie war irgendwie witzig, und diese ganze Nummer mit ihrer angeblichen Ablehnung reizte mich. Ich konnte mir vorstellen, dass sie ansonsten ziemlich locker war und dieses Gehabe nur durchzog, um mich auf Abstand zu halten. Vielleicht brauchte sie den Job dringend. War es nur wegen des Geldes? Denn natürlich wusste ich, dass unser Gehalt weit oberhalb der Grenze einer normalen Physiotherapeutin lag.

Ich setzte mich auf und betrachtete das Elend in meiner Lendengegend. Sollte ich die Kleine vom Empfang hochrufen? Sie würde mich garantiert nicht verschmähen. Aber dann bräuchte ich viele Ausreden, bis sie danach endlich verschwand. Nein, ich löste das Problem mal wieder allein.

Nach einer halben Stunde ging ich zurück ins Wohnzimmer und setzte mich, bekleidet mit einer schwarzen Jogginghose und einem gleichfarbigen Shirt, auf die Couch. Ich machte den Fernseher an und zappte durch die Kanäle. Es war noch nicht mal sechs Uhr. Meine Trainingseinheiten waren heute aufgrund des eigentlichen Ruhetages kürzer gewesen. Abendessen gab es erst in einer Stunde, und ich langweilte mich zu Tode.

Mein Blick fiel auf mein Handy, und ich zögerte kurz. Sollte ich Sam anrufen? Normalerweise leistete er mir abends oft Gesellschaft. Wir tranken ein Bier, unterhielten uns über Sport oder die nächsten Kämpfe, die anstanden. Aber die kleine Zicke war bestimmt immer noch stinkig. Morgen ging es nach Atlanta, dann würde er sich schon wieder einkriegen.

Das Display meines Handys zeigte mir eine Erinnerung für morgen an. Doch eigentlich brauchte ich diese nicht, denn ich wusste ganz genau, was am morgigen Tag war.

Ich wählte eine Nummer, die ich mittlerweile auswendig kannte, und hielt mir das Telefon ans Ohr.

»Flowers Delivery, Carter mein Name, wie kann ich Ihnen helfen?«, erklang eine mir vertraute Stimme, die ich noch von früher kannte.

»Hallo, Ms. Carter, ich würde gerne eine Lieferung Lilien ordern. Dawson.«

»Ah ja, Shawn, ich hatte mich schon gefragt, wann du heute anrufst. Natürlich! Soll ich einen Brief dazulegen?«

»Nein danke. Wie immer.«

Die ältere Dame zögerte, erwiderte daraufhin ein wenig enttäuscht: »Sehr gerne, Shawn. Bis nächstes Jahr.«

Ich legte auf. Sie kannte meine Eltern, und war dementsprechend versucht, mich dazu zu kriegen, meiner Mum zumindest an ihrem Geburtstag etwas mitzuteilen. Aber ich hätte keine Ahnung gehabt, was. Sie wusste so oder so, dass die Blumen von mir waren.

Nervös trommelte ich mit den Fingern auf der Armlehne herum. Ich musste etwas tun, mich irgendwie entspannen und von den Gefühlen ablenken, die mich mal wieder zu überschatten drohten. Mein Blick wanderte zur Bar auf der gegenüberliegenden Seite. Doch ich konnte mich heute nicht schon wieder volllaufen lassen. Dafür war ich dann doch zu wenig Alkoholiker und hatte von gestern immer noch ein flaues Kreisen im Magen.

In meinem Kopf ging ich die verbleibenden Möglichkeiten durch. Im oberen Stockwerk befanden sich ein Schwimmbad und ein Saunabereich. Vielleicht könnte ich dort zur Ruhe kommen, bevor es endlich Zeit fürs Abendessen war und ich mich mit sinnlosem Geplänkel mit Sam und Rob ablenken könnte. Und Lauren. Wie würde sie nun auf mich reagieren? Ich hoffte doch schwer, sie hatte sich mein Angebot noch mal durch ihren hübschen Kopf gehen lassen. Das wäre eine willkommene Unterhaltung!

Kurzerhand stand ich auf, wechselte meine Kleidung gegen eine Badehose, schnappte mir ein Handtuch und nahm die Treppe in den oberen Wellnessbereich. Meine Badelatschen ließ ich vorne im Eingangsbereich stehen und betrat das Schwimmbad. Der Geruch von Chlor schlug mir entgegen, und mein Blick glitt über die komplett verglaste linke Wand, die eine extrem gute Aussicht auf die Stadt unter mir lieferte. Etwas in meinem Augenwinkel erregte meine Aufmerksamkeit, und ich hörte das Plätschern innerhalb des Beckens.

Eine schlanke Gestalt bewegte sich grazil durchs Wasser. Ihr braunes Haar war offen und verteilte sich über ihren Rücken wie ein Fächer. Ihre Kraulbewegungen waren gleichmäßig und ihr Stil nicht schlecht. Sie musste öfter schwimmen, denn es sah nicht aus, als wäre es eine ziellose Plantscherei.

Interessant. Bambi stand auf Wasser.

Ihr Körper steckte in einem blauen Bikini, aber leider sah ich durch die Wasseroberfläche nur verschwommen ihren perfekten Hintern. Als sie sich an der gegenüberliegenden Seite mit den Füßen abstieß und ich näher trat, stoppte sie in der Bewegung und sah mich überrascht an. Ich hob grinsend eine Hand zur Begrüßung.

»Verfolgst du mich?«, keifte sie.

»Ich?« Ich sah mich übertrieben um. Sie schnaubte, schwamm zum Rand und machte Anstalten hinauszusteigen. Ich ging zu ihr und hielt ihr die Hand hin. »Soll ich dir helfen?«

Ihre Gesichtszüge verhärteten sich, und sie drückte sich ohne meine Hilfe aus dem Becken. Sie stand direkt vor mir. Nass und halb nackt. Großer Gott, was richtete sie mit mir an? Zum dritten Mal heute wurde ich hart. Steinhart.

»Du kannst davon ausgehen, dass ich nicht bei dir angefangen habe, um dich ins Bett zu bekommen. Denn das hätte ich bei deinen Gewohnheiten auch so geschafft.« Sie sah mich abschätzig an, und ich konnte mir das Grinsen kaum noch verkneifen.

»Was habe ich denn für Gewohnheiten?«

Sie kaute kurz auf ihrer Unterlippe und pfählte mich mit ihren Blicken. Ich musste schlucken, denn ich hatte auf einmal das Gefühl, sie erkannte plötzlich viel mehr als meine äußere Erscheinung.

»Du würdest es uns beiden einfacher machen, wenn du mit dieser Fassade aufhörst.«

»Welcher Fassade?«, wisperte ich und strich mit der linken Hand sanft über ihren Unterarm. Die Härchen daran stellten sich auf, und meine Finger erreichten ihr Handgelenk. Ich wandte den Blick von ihren braunen Augen ab und folgte meiner unsichtbaren Spur auf ihrer weichen Haut nach unten. Eine kleine Tätowierung erschien auf der Innenseite, aber bevor ich sie richtig sehen konnte, zog sie ruckartig den Arm weg und pikste mit ihrem Finger in meine Brust.

»Ich bin nicht dein Spielzeug. Ich arbeite für dich, und wenn du so weitermachst, werde ich das nicht mehr lange.« Ohne ein weiteres Wort ging sie an mir vorbei, wickelte sich in ein Handtuch und verließ das Schwimmbad. Fuck. Es machte mir Spaß, sie herauszufordern. Doch das Gefühl, das sich nun in mir ausbreitete, als ich daran dachte, sie könnte tatsächlich kündigen, war mir unbekannt und ließ gleichzeitig ein Grummeln in meiner Magengegend zurück. Kopfschüttelnd ging ich auf den Saunabereich zu und nahm mir vor, das Abendessen auf meinem Zimmer zu mir zu nehmen. Allein.

Ob es deshalb war, weil ich ihren Anblick nicht ein weiteres Mal ertragen konnte oder ich Angst hatte, sie wirklich zu vergraulen, wusste ich nicht …

Kapitel 11

Lauren

Eagle-Eye Cherry
Save Tonight

Das gestrige Abendessen war ziemlich entspannt gewesen. Aber nur, weil Shawn auf seinem Zimmer geblieben war und ich mich locker mit Sam und Rob unterhalten konnte.

Die beiden waren wirklich nett. Es war einfach, mit ihnen eine zwanglose Unterhaltung zu führen. Sie waren bodenständig, und Rob hatte eine Familie, von der er mir stolz erzählt hatte. Sogar Bilder hatte er mir von seinen zwei süßen Mädchen mit ihren blonden Engelslocken gezeigt. Wieso beide Männer die Eskapaden von Shawn mitmachten, fragte ich mich seitdem immer wieder.

Ich kam zurück aus dem Badezimmer und nahm auf dem breiten Doppelbett Platz. Gestern hatte ich Mum nicht mehr angerufen, aber eine Nachricht von Matt erhalten, dass es ihr gut ginge. Ich konnte es nicht ertragen, wenn wir Streit hatten, also schnappte ich mein Handy vom Nachttisch und wählte ihre Nummer. Es klingelte einige Male, bis sie ranging, und ich horchte angestrengt.

»Laurie?«

»Hi, Mum. Es tut mir leid.«

»Mir auch, Schätzchen. Wie geht es dir? Wie war der erste Tag?«, fragte sie sanft.

»Gut, es sind alle sehr nett.« Ich konnte ihr schließlich nicht sagen, dass ein Drittel der Menschen hier furchtbar anstrengend war.

»Schön, das freut mich. Laurie, auch wenn der Grund, weshalb du den Job angefangen hast, nicht der richtige ist, denke ich mittlerweile, dass es gar nicht so schlecht ist. Vielleicht findest du ja wirklich Gefallen daran und möchtest das weitermachen?«

»Könnte sein«, antwortete ich ihr und zog die Beine an die Brust. »Passt Matt gut auf dich auf?«

»Mach dir keine Sorgen, er ist wunderbar.«

»Das freut mich. Ich muss jetzt zum Frühstück und danach packen. Der Flieger nach Atlanta geht heute Mittag. Ich melde mich, wenn wir angekommen sind, okay? Ich wollte nur nicht abreisen, ohne mit dir gesprochen zu haben.«

»In Ordnung! Es war schön, dass du noch mal angerufen hast. Bis später!«

»Bye! Ach und Mum?«

»Was Schätzchen?«

»Ich passe auf mich auf. Wirklich!«

»Davon gehe ich aus. Du bist stark … stärker als Gini und ich zusammen.«

Traurig lächelte ich, denn ich war garantiert nicht stärker als sie. Nicht nach allem, was in unserer Vergangenheit vorgefallen war. Sie hatte uns immer mutig vor unserem Erzeuger beschützt, hatte jegliche Wut abgefangen, immer! Doch auch wenn es mittlerweile fünf Jahre her und der Penner glücklicherweise über alle Berge war, fiel es mir immer noch schwer, meine Mum allein in der Stadt zu lassen. Aber dieses Mal hatte sie jemanden an ihrer Seite, von dem sie nichts zu befürchten hatte. Matt war wirklich in Ordnung, und ich vertraute ihm inzwischen ebenfalls.

Nach dem Telefonat stand ich auf, angezogen und fertig gemacht hatte ich mich bereits, und verließ das Zimmer. Im Frühstücksraum angekommen, sah ich Sam und Rob und setzte mich zu ihnen.

»Guten Morgen!«, begrüßte ich sie, und sie erwiderten meinen Gruß.

»Na, gut geschlafen?«, fragte Sam.

»Sicher doch.« Er musste nicht wissen, dass ich die halbe Nacht kein Auge zugemacht hatte, weil sich meine Gedanken immer im Kreis drehten.

Der Tisch war komplett gedeckt, und das Wasser lief mir im Mund zusammen. »Bedien dich!«, forderte mich Rob auf, und ich griff nach einem Croissant und der Butter.

»Frühstückt Shawn nicht? Nicht dass es mich stören würde, wenn er auf seinem Zimmer bleibt, aber ich finde es merkwürdig.«

Sam lachte, und auch Rob konnte sich das Grinsen nicht verkneifen.

»Nee, er ist ein ziemlicher Morgenmuffel. Meistens isst er etwas auf seinem Zimmer oder geht als Erstes Laufen«, antwortete Sam.

»Und du hast wirklich auch mal gekämpft? Du hast da gestern Abend so was erwähnt.«

Sam lächelte ein wenig verlegen.

Rob schlug ihm freundschaftlich auf den Rücken. »Er redet nicht gerne darüber, stimmt's, Sam?«

»Du musst wissen, ich war nicht gerade gut.« Lachfältchen traten neben Sams Augenwinkeln hervor, und das machte ihn gleich noch sympathischer. »Irgendwann in meinem jugendlichen Leichtsinn dachte ich, es wäre eine gute Idee, mit dem Kämpfen anzufangen. Aber ich hab schnell gemerkt, dass mir die nötige Disziplin fehlt. Ich bewundere den eisernen Willen von Shawn, den er normalerweise an den Tag legt. Wenn er sich etwas in den Kopf gesetzt hat, kriegt er es auch. Es wird erst dann problematisch, wenn er es nicht bekommt … Aber sei's drum. Ich glaube, als Manager mache ich nicht so eine schlechte Figur wie als Boxer.«

Rob lachte leise. »Wenn du wüsstest, wie demoliert Sam aus den Kämpfen kam, Lauren. Da waren Shawns Verletzungen letztes Wochenende nur Kratzer.«

»Und du hast beide schon früher trainiert, Rob?«, fragte ich.

»Sam und Shawn sind irgendwann in meinem Studio aufgekreuzt und haben einen Trainer gesucht.

Da ich bereits von Shawns Vater gehört hatte, dachte ich, wieso nicht.«

»Wer ist Shawns Vater?« So langsam wurde die Unterhaltung interessant.

Rob sah kurz zu Sam, und ich konnte den Blick nicht ganz deuten. »Das erzählt dir Shawn sicherlich lieber selbst.«

Stirnrunzelnd sah ich Rob an und wusste nicht recht, was ich von dieser Aussage halten sollte.

»Okay, genug in alten Erinnerungen geschwelgt, wir sollten zum Flughafen aufbrechen«, sagte Sam und erhob sich. Ich schob mir schnell noch den letzten Bissen Croissant in den Mund und tat es ihm gleich. Obwohl mich die Unterhaltung nicht losließ und ich gerne mehr erfahren hätte, zwang ich mich, nicht weiter nachzufragen, und lief still neben den beiden Männern zum Aufzug. Zu passender Zeit würde ich die Vorgeschichte der drei schon noch rausfinden.

***

Im Businessclass-Bereich der Boeing ließ es sich tatsächlich aushalten. Normalerweise flog ich nicht sonderlich gerne, vielleicht weil ich es einfach noch nicht oft getan hatte. Genau genommen erst zweimal. Einmal nach Deutschland, um unsere Partneruniversität zu besuchen, und einmal nach Miami, für einen zweiwöchigen Urlaub mit Gini. Ansonsten hatte uns schlicht das Geld gefehlt, und natürlich war ich diese beiden Male in der Holzklasse geflogen.

»Darf es noch etwas sein?«, fragte mich die Stewardess bereits das dritte Mal aufmerksam, und ich schüttelte freundlich lächelnd den Kopf. Ich sah aus dem Flugzeugfenster und strich über mein Handgelenk. Wie wahrscheinlich war es, dass sich Gini ebenfalls in Atlanta aufhielt? Wusste Darren, dass sie uns Geld schickte, und war sie überhaupt noch bei ihm? Hatte ich ihn vielleicht sogar mit meinem Auftritt misstrauisch gemacht, und es wurde so für Gini gefährlich? Der Strohhalm, den ich in der Hand hielt, war wirklich extrem klein. Doch eines nahm ich mir vor: Sollte ich sie in Atlanta nicht finden, würde ich das Manöver abbrechen. Der Lohn bei Shawn war das Ganze nicht wert.

»Hey!« Shawn ließ sich auf den freien Sitz neben mir fallen und grinste mich schief an. Ich lehnte seufzend den Kopf gegen die Nackenstütze und sah wieder nach draußen. Einen seiner dummen Sprüche konnte ich jetzt als Letztes gebrauchen.

»Komm schon, sei nicht so. Wir hatten noch gar keine Zeit, uns heute zu unterhalten.«

Ich sah zu ihm und wägte ab, ob er mich verarschen wollte oder es ernst meinte.

»Wie geht es dir?«, fragte er ungewohnt sanft und sah mich tatsächlich ernst an. Seit unserem Aufeinandertreffen im Schwimmbad hatte er sich rargemacht und war mir aus dem Weg gegangen. Deshalb verwirrte es mich umso mehr, dass er nun so zahm wirkte. Das war bestimmt nur Fassade. Eine neue Masche.

»Willst du das echt wissen, oder kommt auf meine Antwort wieder ein Angebot, wie es mir noch besser gehen könnte?«, fragte ich misstrauisch und zog eine Augenbraue nach oben. Er lachte kurz auf und rutschte ein Stückchen näher an mich heran. Sein nackter Unterarm, der meinen berührte, als er ihn ebenfalls auf der Armlehne ablegte, hinterließ einen heißen Abdruck auf meiner Haut. Hastig zog ich meinen Arm zu mir.

»Keine Sorge, ich wollte diesmal wirklich wissen, wie es dir geht. Du wirkst in deinen Gedanken weit weg.«

»Oh wow, so was fällt dir auf? Vielleicht habe ich mich getäuscht und du bist doch ein ganz sensibler Kerl.«

Er schnalzte mit der Zunge. »Da will ich dir lieber keine Hoffnungen drauf machen.« Irgendwie war er verändert. Er wirkte zwar extrem aufgekratzt, zappelte nervös mit dem Bein und trommelte mit den Fingern, aber fast hätte ich vergessen, dass er in Wirklichkeit ein Arschloch war. Hoffentlich nahm er keine Drogen oder so etwas … Vielleicht hatte er auch einfach nur eine bipolare Störung?

Trotzdem musste ich sein schiefes Grinsen leicht erwidern.

»Gut.« Er runzelte fragend die Stirn auf meine Aussage. »Die Beantwortung deiner Frage«, klärte ich auf, aber er wirkte nicht sehr überzeugt. Shawn griff sanft nach meinem linken Handgelenk, das ich immer noch mit der rechten Hand fest umklammert hielt. Diesmal ließ ich es zu. Sein Daumen strich über das schwarze Yin-Zeichen, und mein Herz begann zu stolpern.

»Wer hat das andere?«, fragte er leise und sah mich an.

Während ich in seinen blauen Augen versank, konnte ich kaum ein Wort fassen. Seine zarte Nähe war das komplette Gegenteil des Gesichtes, das er die letzten Tage gezeigt hatte. Sein rauer Finger fuhr weiter über meine kribbelnde Haut. Räuspernd entzog ich ihm meine Hand. Auch wenn er gerade einen leichten Anflug von Nettigkeit vortäuschte, handelte es sich ganz bestimmt nur um Minuten, nach denen er wieder zurückmutierte. Der Mann war launischer als jede Frau mit PMS.

»Ich bin ziemlich müde. Du solltest dich ebenfalls ausruhen, denn Rob wird ohne Pause das Training in Atlanta starten. Der letzte Kampf war ja anscheinend nicht so der Bringer«, sagte ich kühl. Ich musste ihn auf Abstand halten, denn mein Ziel war es nicht, mich an einen Typen wie Rage Dawson ranzuschmeißen. Ich brauchte einen klaren Kopf, keine pochende Mitte, die sich bei jedem seiner Worte nach seiner Aufmerksamkeit sehnte. Shawns Miene wurde härter, als hätte ich ihn tatsächlich verletzt. Aber das konnte nicht sein, da stand er drüber, wie über allem. Außerdem ging ihn mein Privatleben verdammt noch mal nichts an.

»Ich werde aus dir einfach nicht schlau«, murmelte er, drückte sich nach oben und lief zurück zu seinem Platz. Seufzend beobachtete ich die weißen Wolken, die unter dem Flugzeug vorbeizogen. Ich durfte ihn nicht zu nahe an mich heranlassen, auch wenn er kurz das Gefühl in mir ausgelöst hatte, dass es sich gut anfühlen könnte. Ich hatte erlebt, wie aggressiv er werden konnte. Niemals würde ich mich an einen Mann binden, der so war. Niemals würde ich den gleichen Fehler begehen wie meine Mutter.

Kapitel 12

Shawn

Fugees
Ready Or Not

Ich hasste es zu schlafen. Und da spielte es keine Rolle, wo. Im Bett, im Flugzeug oder in einem Auto. Meine Träume waren der einzige Ort, an dem ich den schrecklichsten Tag meines Lebens nicht verdrängen konnte. Und die Erinnerung kam immer und immer wieder. Zuverlässig wie ein Schweizer Uhrwerk.

Auch dieses Mal war ich auf dem Flug nach Atlanta aus dem Schlaf hochgeschreckt. Diesmal war der Traum, so nahe an meinem alten Zuhause, noch realistischer als sonst gewesen. Ich brauchte Ablenkung und hatte wirklich versucht, nett zu Lauren zu sein, obwohl ich dieses Wörtchen normalerweise nicht aus meinem Repertoire anbot. Doch wieso musste sie mich an diesen beschissenen Kampf und meine Fastniederlage erinnern? Trotzdem hatte ich ihr angesehen, dass es ihr ähnlich ging. Irgendetwas verheimlichte sie, und die Reaktion, nachdem ich das

Zeichen auf ihrem Handgelenk gesehen hatte, sprach nicht dafür, dass es etwas Kleines war. Sie trug eine genauso große Bürde herum wie ich, das spürte ich. Außerdem drückten ihre Augen in diesen winzigen, unbedachten Momenten aus, wie gebrochen sie eigentlich war. Und ich wollte herausfinden, weshalb. Einfach weil ich mich derzeit ablenken musste, und das war die perfekte Aufgabe dafür.

»Shawn?« Rob wedelte mit der Hand vor meinem Gesicht herum. »Alles klar bei dir?«

»Ja, natürlich.«

»Ich habe gesagt, das Hotel hat keinen Trainingsraum, nur ein Schwimmbad. Ich habe dafür ein paar Straßen weiter ein Center ausfindig gemacht, und wir fahren dort allesamt vorbei, wenn wir ausgepackt haben, okay?«

Ich nickte. Sam sah auf die Uhr, und Laurens Blick wanderte unruhig durch die Lobby, in der wir standen. Sie fühlte sich auch hier unwohl, das sah man ihr auf den ersten Blick an.

»Alle haben ihre Zimmerkarten, wir treffen uns in einer halben Stunde hier unten«, sagte Sam. »Heute Abend ist diese Sponsorenparty, deshalb sollten wir nicht allzu viel Zeit mit dem Training verbringen.«

Lauren sah nun ziemlich aufmerksam aus. »Eine Party?«

»Ach ja, hatte ich vergessen zu erwähnen. Die Sponsoren der Veranstaltung richten in jedem Ort Feiern für Kämpfer und Beteiligte aus. Wir müssen uns dort zumindest kurz blicken lassen. Ich hoffe, du hast kein Problem mit Partys?«

»Nein, nein. Sind dort alle Kämpfer mit ihren Managern und so?«, fragte sie unschuldig.

Sam nickte. »In der Regel schon.«

»Okay.« Ihr Lächeln erreichte ihre Augen nicht. Es wirkte einstudiert, und ihre Augenbrauen waren ein klein wenig besorgt zusammengezogen. Rob und Sam liefen zum Lift vor, und ich berührte flüchtig Laurens Rücken. Überrascht drehte sie sich zu mir um.

»Alles okay?«, fragte ich.

Sie sah mich stirnrunzelnd an. »Sag mal, hast du einen Zwillingsbruder? Gut und böse, du weißt schon.«

»Hättest du lieber den Guten oder den Bösen?« Ich musste grinsen, und ihr Mundwinkel zuckte in die Höhe.

»Aha, da ist er wieder. Ich hatte mir schon kurz Sorgen gemacht, dass aus dir ein Weichei wird«, sagte sie.

»Du machst dir Sorgen um mich, Süße? Das ist lieb von dir. Mir würde es in der Tat besser gehen, wenn du …« Mit ihrem Rollkoffer in der Hand lief sie kopfschüttelnd los und hörte sich meine Ausführungen gar nicht erst an. Ich folgte ihr grinsend und ließ mich zurückfallen. So konnte ich mit geschürzten Lippen ihren Hintern in der engen Jeans in Ruhe bewundern. Wenn sie meine ausnahmsweise ehrlich gemeinten Fragen nicht von ihren Gedanken ablenkten, dann augenscheinlich die lockere Stimmung, die zwischen uns herrschte. Auch wenn sie so tat, als würden sie die Sprüche nerven, insgeheim stand sie drauf. Und bald würde sie das selbst herausfinden. Es war nur eine Frage der Zeit.

***

»Und ich bekomme immer noch keinen Siegerkuss?« Ich grinste und sah mir ihre Beine an, während sie vor der Massageliege stand, auf der ich lag. Sie trug eine wahnsinnig enge, schwarze Sporthose und ein genauso hautenges Top. Wusste sie, was sie damit in mir anrichtete? Ich musste mich wirklich beherrschen, sie nicht einfach anzufassen. Ihre Finger bohrten sich tiefer in meine Haut, und ich unterdrückte ein Stöhnen, weil das Gefühl scheißgut war. Alles, was sie heute mit mir angestellt hatte, hatte gut getan.

»Nur weil du beim Training gewonnen hast? Ich denke nicht, dass du so einfach einen Kuss verdienst, da gehört schon ein wenig mehr dazu.« Die Stimmung zwischen uns hatte sich weiter gelockert. Ich wusste nicht, ob es daran lag, dass ich gefragt hatte, wie es ihr ging oder an etwas anderem. Trotzdem machten mich ihre Berührungen erneut bretthart, und ich freute mich schon darauf, ihr das gleich zu zeigen. Denn ein weiteres Mal würde ich nicht selbst Hand anlegen, wenn sie immer wieder der Grund war, weshalb ich dauerscharf durch die Gegend rannte.

»Noch mehr? Worauf stehst du? Soll ich dir ein Boot kaufen oder ein Auto? Denn ich hab schon gemerkt, dass du keins der Mädchen bist, die sich leicht rumkriegen lassen. Ich wäre bereit, dafür dieses eine Mal tiefer in die Tasche zu greifen.«

»Für einen Kuss würdest du ein Boot springen lassen? Großer Gott, was hast du dann deinen ganzen Groupies gekauft?«

Ich musste lachen. Trotzdem meinte ich die Aussage eben völlig ernst. Sie war keine dieser oberflächlichen Frauen, das hatte ich allein an ihrem skeptischen Blick gesehen, als wir vorhin die imposante Hotelhalle betreten hatten. Außerdem war es extrem leicht, sich mit ihr zu unterhalten, und sie schaffte es tatsächlich, mich von meinen üblen Gedanken abzulenken. Jede Minute, die wir länger miteinander verbrachten, interessierte es mich brennender, was wirklich hinter ihrer Fassade steckte. Wahrscheinlich wollte ich sogar zum ersten Mal in meinem Leben mehr über eine Frau wissen, als wie sie nackt aussah. Verrückt … Obwohl diese Nacktsache weiterhin ziemlich verlockend war.

»Als du nach dem Kampf in die Kabine kamst, hast du gesagt, du studierst Medizin.«

»Hab studiert«, verbesserte sie mich und fuhr weiter über meinen unteren Rücken. Ich unterdrückte ein Seufzen.

»Und wieso hast du abgebrochen?«

»Persönliche Gründe.«

»Aha. Die gleichen Gründe, weshalb du das Tattoo hast?« Sie stoppte kurz ihre Bewegungen, ging dann einmal um die Liege herum und lockerte meine andere Körperhälfte.

»Kennst du alle anderen Kämpfer?«, wechselte sie das Thema und widmete sich nun meinen Waden. Die Frau hatte göttliche Hände!

»So ziemlich. Man lernt sich automatisch kennen, wenn man einander mal so nah war wie wir«, scherzte ich. »Fuck, wo hast du das gelernt … das fühlt sich unglaublich an!«, keuchte ich, während sie tiefer in meinen Wadenmuskel fuhr.

Sie lachte leise, und es überraschte mich, wie sehr mir ihr Lachen gefiel. Ich hatte Frauen kichern gehört, schreien oder stöhnen, aber dieses süße Glucksen stachelte mich förmlich an, alles zu tun, um es öfter zu hören.

»Kennst du auch die Manager?«, fragte sie daraufhin. Worauf wollte sie hinaus? Aber ich half ihr gerne bei was auch immer, wenn es weiter von meinen eigenen Problemen ablenkte. Das größte davon drückte sich gerade hart in die Liege.

»Jap. Wen suchst du?«

Sie zögerte erneut. »Kennst du einen Darren Malone?« Ihr Tonfall sollte unschuldig wirken, aber die Frage hatte klare Hintergedanken. Denn nach Malone fragte man nicht einfach so. Er war bekannt wie ein bunter Hund, im negativen Sinn. Kannten sie sich näher? Hoffentlich nicht.

»Er ist ein Wichser, was willst du von ihm?« Ich zog das Handtuch über meinen Unterleib und drehte mich ein Stück um, sodass ich sie ansehen konnte.

»Nichts, ich hab seinen Namen aufgeschnappt und gehört, sein Schützling Junus Sawyer wäre recht erfolgreich. Du kämpfst doch auch gegen ihn, oder? Deshalb hat es mich interessiert.« Sie drückte mich wieder auf den Bauch, und ich tat ihr den Gefallen, auch wenn ich ihr kein Wörtchen glaubte. Wir schwiegen, und sie kümmerte sich weiter um meine Muskeln. Jeder Fingerdruck übertrug sich auf meinen immer stärker pochenden Schwanz. Ich konnte nicht unterdrücken, wie sehr sie mich um den Verstand brachte. Außerdem schaffte ich es kaum noch, auf dem Bauch zu liegen.

»Okay, fertig für heute«, sagte sie und wandte sich ab. Auch wenn sie meinte, wir wären fertig, war ich das noch lange nicht.

Ich setzte mich auf, band mir das Handtuch um die Hüften und stand auf. Sie packte ihre Sachen und sah mich an. Ihre welligen Haare hatte sie in einem Pferdeschwanz gebändigt, und ich bewunderte ihren schlanken Hals. Unvermittelt stellte ich mir vor, wie ich mit der Zunge die Linie von ihrem Ohr zu ihrem zarten Schlüsselbein entlangfuhr.

»Dann bis später«, sagte sie und wandte sich zur Tür. Mit einem Ruck zog ich sie an ihrem Handgelenk zu mir zurück und umschlang mit einem Arm ihren Rücken. Ihre Augen wurden größer, als sie meine Erektion durch den Stoff ihrer Hose und meines Handtuches spürte.

»Ich glaube, ich halte es nicht mehr aus, wenn du mich berührst, ich dich aber nicht anfassen darf«, sagte ich rau. Fast flüchtig strich der Finger meiner linken Hand an ihrem Ausschnitt entlang.

»Lass mich los«, flüsterte sie ziemlich halbherzig, und ich presste ihren Schoß noch enger an mich. Wie gerne würde ich ihre warme, weiche Haut ohne diesen lästigen Stoff zwischen uns spüren. Mit der Nase fuhr ich die Kuhle unter ihrem Ohr nach und sog ihren köstlichen Duft ein, bevor ich begann, mich an ihrem Kiefer entlangzuküssen. Meine Hand, die ihren Rücken umschlang, wanderte behutsam weiter nach unten über den Ansatz ihres Pos. Sie hatte einen fantastischen, prallen Hintern. »Es tut mir leid, ich kann nicht aufhören, daran zu denken, wie du nackt aussiehst«, wisperte ich in ihr Ohr und saugte an ihrem Ohrläppchen.

Sie räusperte sich und drückte ein wenig mit den Händen gegen meine nackte Brust. Innerlich kämpfte sie gerade mit sich, aber ihre Gegenwehr war lächerlich. Ihr Widerstand erlahmte von Sekunde zu Sekunde mehr.

Mein linker Daumen fuhr hinunter zu ihren Brustwarzen, und ich spürte die aufgestellten Spitzen, die ich zu umkreisen begann. Als ich sie einige Male fest zusammendrückte, zuckte ihr Unterleib leicht gegen meinen harten Schwanz, und ich stöhnte an ihrem Hals.

»Du reagierst direkt auf mich, das macht mich unfassbar an.« Ihre Haut war so weich, ihr Körper wie für mich geschaffen, und mein Herz wummerte heftig in meiner Brust. Sie musste es hören, so laut wie es in meinen Ohren hämmerte. Ich konnte mich nicht erinnern, wann ich das letzte Mal bei einer Frau Herzrasen hatte. Es war nicht normal, welche Anziehung sie auf mich ausübte. Meine Fingerspitzen kribbelten immer stärker, als ich weiter zwischen ihren Brüsten zu ihrem Bauch hinunterfuhr und ihr Atem keuchender kam.

»Ich brauchte noch nie etwas so dringend wie dich in diesem Moment«, wisperte ich und sah sie an. Ihr Blick flog über mein Gesicht und fand danach wieder meinen. Ihre Iriden waren nicht einfach nur braun. Sie waren so viel mehr. Im Licht des Zimmers sah ich kleine grüne Sprenkel darin, die mir zuvor noch nicht aufgefallen waren. »Ich würde für dich heute sogar diese bescheuerte Party sausen lassen. Du musst nur ein Wort sagen«, hauchte ich, und ihre Lippen öffneten sich einen Spaltbreit. Sie wollte es, ich sah es ihr überdeutlich an. Mein Finger kreiste über dem störenden Stoff einmal um ihren Bauchnabel, danach wanderte ich weiter, bis ich mit der flachen Hand ihren Venushügel erreichte. Wie gerne wäre ich jetzt in ihrer Hose. Ich spürte ihre heiße Erregung durch den Stoff und fühlte mich ausgeschlossen. »Ich seh dir an, dass du jetzt schon feucht bist. Du fühlst dich garantiert fantastisch an. Lauren, du machst mich verrückt.«

Sie schloss die Augen und verspannte sich. Ihr ganzer Körper lag steif in meinen Armen. Ich registrierte, dass sie mir entglitt, und streichelte herausfordernd über ihre Mitte weiter nach unten. Mit dem Zeigefinger drückte ich leicht gegen ihren Eingang. Sie zitterte, als ich ihren Kitzler streifte. Doch als sie die Lider öffnete, konnte ich erkennen, dass ich den Kampf um ihren Körper verloren hatte. Diesmal drückte sie sich mit aller Kraft von mir weg, und ich löste widerwillig meine Umklammerung.

Mit einem lauten Klatschen landete ihre Hand auf meiner Wange, und ich biss hart meine Kiefer aufeinander.

»Schlag. Mich. Nie. Wieder«, knurrte ich bedrohlich, und sie funkelte mich ebenso wütend an. Auch wenn ich Schläge im Kampf gewohnt war, war der verächtliche Blick aus ihren Augen kaum zu ertragen.

»Und du, fass mich nie wieder ohne meine Einwilligung an! Mistkerl! Du denkst, du kannst dir alles erlauben, oder?« Sie wollte keine Antwort auf ihre Frage. Stattdessen drehte sie sich um, stürzte aus der Tür und knallte diese hinter sich zu. Mit Ablehnung hatte ich sowieso schon meine Probleme, und mit Laurens Widerstand hatte ich, nachdem sie so auf mich reagiert hatte, als allerletztes gerechnet. Sie hatte mich angesehen, als wäre ich ein abscheuliches Tier. Rasend vor Zorn ging ich hinüber zur Bar und griff nach einer Wodkaflasche. Wie konnte man nur so stur sein? Sie wollte mich genauso. Weshalb also nicht ein wenig Spaß miteinander haben? Eine

Nummer, meine Güte, was machten die Frauen daraus für ein Drama? Sie war scharf, ich war scharf, wieso sich nicht gegenseitig helfen? Die Party kam jetzt gerade recht und konnte nicht schnell genug beginnen, damit ich mich von diesem dickköpfigen Weib ablenken konnte! Ich setzte die Flasche an meine Lippen, der Alkohol brannte ätzend in meinem Mund, und ich schnappte nach Luft. »Scheiße!«, fluchte ich und stützte mich an der Bar ab. Mit ihr in meinen Armen hatte ich kurz alles vergessen. Doch nachdem Lauren mein Hotelzimmer verlassen hatte, kamen alle alten Gefühle mit einem heftigen Schlag zurück. Erneut nahm ich einen Schluck Wodka.

Frauen und Alkohol. Frauen und Alkohol. Dieses Mantra sagte ich mir immer wieder vor und ignorierte den Gedanken, dass es nicht im Allgemeinen Frauen waren, die ich heute wollte, sondern im Speziellen Lauren. Scheiße, ich war im Arsch.

Kapitel 13

Mein gesamter Körper zitterte von Shawns Berührungen. Er hatte ehrlich gewirkt heute, beinahe fürsorglich und vor allem anders als bisher. Fast hätte ich ihm kopflos nachgegeben, ohne an die Konsequenzen zu denken. Doch glücklicherweise konnte ich laut quietschend die Handbremse ziehen! Es wäre übel ausgegangen, und das garantiert nicht für Shawn. Denn danach hätte er mich ganz sicher gefeuert. Er war bekannt dafür, die Frauen zu benutzen und zu entsorgen. Wieso sollte es bei mir anders sein? Außerdem musste ich unbedingt auf diese Party! Laut Shawns Erzählungen war Darren bestimmt dort, und selbst wenn Gini nicht bei ihm wäre, würde ich ihn wenigstens abpassen und eine Aussage über sie erzwingen. Egal wie! Mittlerweile war mir alles recht.

In meinem Zimmer angekommen, sprang ich schnell unter die Dusche. Ich zwang mich, nicht an Shawns geflüsterte Worte zu denken, die mir immer noch auf direktem Wege zwischen die Beine schossen. Es war ein Trieb, nichts weiter, und den konnte man unterdrücken! Die vergangenen Jahre nach meinem ersten und letzten festen Freund hatte ich es gut geschafft, Männer nicht zu nah an mich heranzulassen. Natürlich war unverbindlicher Sex das eine, aber das Gefühl, das ich in Shawns Nähe hatte, war völlig unpassend und wurde vor allem immer extremer. Ich musste Gini schnell finden, damit ich dem allen ein Ende setzen konnte.

Ich zog mir ein schwarzes Kleid und gleichfarbige High Heels, die einzigen, die ich besaß, an. Im Bad schminkte ich mich mit Mascara und etwas Puder, föhnte meine welligen Haare und unterstützte sie mit Schaumfestiger. Das würde ausreichen. Ich ging nicht dorthin, um irgendjemanden abzuschleppen, sondern um meinem eigentlichen Ziel näher zu kommen. Trotzdem wurde ich natürlich nicht in Jeans und Turnschuhen in einen Club gelassen.

Es klopfte einige Male an die Tür, und ich lief hinüber. Sam hatte mir vorhin angeboten, mich abzuholen, und als ich öffnete, lächelte er mich freundlich an. »Wow, Lauren …« Sein Blick wanderte anerkennend an mir auf und ab, und ich spürte, wie das Blut in meine Wangen schoss. »Du siehst fantastisch aus!«, sagte er und hielt mir den Arm hin. Ich griff nach meiner Handtasche, die auf einem Beistelltischchen neben der Tür lag, und ging mit Sam hinaus.

»Danke«, erwiderte ich schüchtern und legte die Hand in seine Armbeuge. Er war wirklich zuvorkommend, unwahrscheinlich nett, und dazu sah er noch ziemlich gut aus. Außerdem zeichneten sich unter dem weißen Hemd, das er trug, auch bei ihm die Konturen von Muskeln ab. Nicht so ausgeprägt wie bei Shawn, aber er strahlte dadurch etwas Beschützendes aus. Solch eine männliche Aufmerksamkeit war ich nicht gewohnt, und sie schmeichelte mir natürlich. Trotzdem hatte er eher die Ausstrahlung eines besten Freundes und versprühte nicht diese heftige Energie wie Shawn. Doch in den Genuss dieser geballten Power kamen zu viele Frauen. Ich wäre garantiert nur eine weitere Kerbe in seinen zahlreichen Bettpfosten im ganzen Land.

»Wir müssen nicht lange bleiben, wenn du nicht willst. Einige Gespräche mit den Veranstaltern, und dann fahre ich gerne mit dir zurück ins Hotel«, sagte Sam, und wir betraten den Aufzug.

»Ist schon in Ordnung. Es ist bestimmt mal nett, etwas auszugehen«, sagte ich.

Sam holte Luft, um noch etwas zu sagen, verstummte daraufhin jedoch wieder, denn kurz bevor die Türen zuglitten, stürzte Shawn herein. Er trug eine Jeans, die locker auf seinen Hüften saß, eine schwarze Lederjacke über einem lässigen Shirt, und seine Haare sahen so aus, als wäre er nach dem Duschen nur mit den Fingern durchgefahren. Sein

Duft, bestehend aus Leder, Zigaretten und seinem unverwechselbaren Parfüm, füllte den gesamten Lift, und ich atmete unauffällig deutlich flacher. Allein seine Präsenz hier in diesem engen Raum ließ mich unwohl von einem auf den anderen Fuß treten.

»Hi«, brummte er. Flüchtig flackerte sein Blick zu meinen Fingern, die immer noch auf Sams Arm lagen, danach drehte er uns den breiten Rücken zu und widmete die Aufmerksamkeit seinem Handy. Ich zog die Hand zurück und sah auf den Boden.

»Kommt Rob nicht mit?«, fragte ich, um die unangenehme Stille zu füllen, die mich fast durchdrehen ließ, während ich an dem Verschluss meiner Clutch spielte.

»Er ist nicht so der Partytyp. Muss er auch nicht, denn als Trainer braucht er ohnehin keine Kontakte oder so was zu knüpfen. Deswegen finde ich es schön, dass du mitkommst, Lauren«, sagte Sam, und Shawn schnaubte. Was hatte er für ein Problem? War es nur meine Zurückweisung vorhin? Er war so ein verwöhntes Kleinkind!

»Es wird garantiert ein schöner Abend«, sagte ich herausfordernd und hätte am liebsten Shawns Gesicht gesehen.

»Das glaube ich auch«, antwortete Sam freundlich. Als die Türen im Erdgeschoss aufglitten, sprang Shawn förmlich nach draußen und lief schnurstracks auf den Ausgang zu.

Wir folgten ihm, und ich sah gerade noch, wie er hinter den Türen einer schwarzen Stretch-Limousine verschwand.

»Wow, standesgemäßer Auftritt, was?«

»Wennschon, dennschon«, sagte Sam, zwinkerte mir zu und bedeutete mir, zuerst einzusteigen.

Der Innenraum war gigantisch. Es gab zwei Sitzreihen, eine links und eine geradeaus, sowie einen kleinen, beleuchteten Bartresen. Shawn saß bereits mit einem Bier in der Hand auf einer Seite, und ich steuerte gezielt die andere an, damit ich ihn nicht in seiner Schmollphase störte. Sollte er doch eingeschnappt sein! Tat ihm ganz gut, auch mal ein Nein akzeptieren zu müssen, denn sein Benehmen bestätigte mich nur. Was wäre gewesen, wenn ich ihm nachgegeben hätte? Er hätte für mich direkt den ersten Flieger morgen früh zurück nach Louisiana gebucht.

Sam setzte sich neben mich, und ich spürte Shawns bohrende Blicke auf mir, als würde er mich damit töten wollen.

»Möchtest du etwas trinken?«, fragte Sam.

Ich nickte. »Gerne.«

Er griff bereits zur Sektflasche, als ich ihn stoppte. »Ein Bier bitte!« Ich mochte Sekt nicht besonders. Sam lächelte, als hätte ich die richtige Antwort auf eine stumme Frage gegeben, und drückte mir ein Corona in die Hand.

Er stieß mit mir an, und ich hob meine Flasche herausfordernd in Shawns Richtung. Dieser wandte nur augendrehend das Gesicht ab und sah nach draußen, während sein Kiefer angespannt zuckte. Na also, fertig mit der Glotzerei!

»Sind solche Abendevents häufig?«, fragte ich.

»Ach, eigentlich nur, wenn die Veranstalter zeigen wollen, was sie sich alles leisten können. Man nimmt die Partys einfach mit. Der eine mehr, der andere weniger«, sagte er und warf Shawn einen vielsagenden Seitenblick zu. »Wie gesagt, es ist gut, um Kontakte zu knüpfen oder die anderen Kämpfer kennenzulernen. Gehst du zu Hause in Louisiana gerne weg?«

»Manchmal, mit meinem Freund oder meiner Schwester.« Wenn sie denn mal daheim wäre, vervollständigte ich im Geiste.

»Du hast einen Freund?«, fragte Sam interessiert, und auch Shawn wandte sich mir wieder zu. Sollte ich lügen, um vielleicht endlich meine Ruhe zu haben? Doch ich mochte es nicht, unehrlich zu sein. Ich verschwieg Dinge, okay. Aber eine glatte Lüge flog immer irgendwann auf.

»Ja, also nicht so einen Freund. Hunter ist ziemlich früh aufs andere Ufer geschippert.«

Sam lächelte, und auch Shawns Miene entspannte sich ein wenig. Was war nur mit den Männern los?

»Und du hast keine Lady, die Zuhause auf dich wartet?«, fragte ich.

Sam schüttelte den Kopf und nippte an seinem Bier. »Es gab bis vor Kurzem jemanden … Aber eine Fernbeziehung ist nicht wirklich einfach.«

»Kann ich verstehen.« Verstohlen sah ich zu Shawn, dem ich ganz genau ansah, dass er unserem Gespräch aufmerksam lauschte, auch wenn er wieder aus dem Seitenfenster schaute. Selbst wenn er nichts sagte oder tat, nahm er mit seiner ganzen Erscheinung den Raum für sich ein. Ständig zog es meine Augen wie automatisch zu ihm, und hin und wieder ging es ihm genauso. Wenn sich unsere Blicke trafen, wandte ich jedes Mal den Kopf ab. Die Genugtuung würde ich ihm nicht geben.

Die Limousine stoppte, und ich spähte hinaus. Von außen wirkte der Club ziemlich nobel. Ein blauer Teppich führte zum Eingang des zweistöckigen Gebäudes. Auch im oberen Stockwerk blitzten farbige Lichter durch die Fenster.

Der Fahrer hielt uns die Tür auf, und ganz Gentleman, wie Shawn nun mal war, stieg er ohne ein weiteres Wort zuerst aus und stürmte auf den Eingang zu. Kopfschüttelnd sah ich ihm hinterher. Er konnte es nicht abwarten, schnell genug von uns fortzukommen. Wahrscheinlich, um direkt die nächste Frau abzuschleppen. Dass mich dieser Gedanke extrem störte, machte mich noch wütender auf ihn.

»Ist er eigentlich immer so launisch?«, fragte ich Sam, der mir zuerst die Bierflasche abnahm und mir dann aus dem Auto half. Seite an Seite gingen wir zum Eingang. Sam nickte dem Türsteher zu, und wir betraten den Club. Hier drinnen war schon einiges los, und die Musik dröhnte in meinen Ohren. Wie lange war ich nicht mehr ausgelassen feiern gewesen? Ich vermisste dieses unbeschwerte Gefühl. Früher war ich gerne und oft mit Gini und Hunter tanzen gewesen.

Sam beugte sich zu mir und berührte mich leicht am Rücken. »Er kriegt sich bald wieder ein. So ist es immer mit ihm, keine Sorge. Es liegt garantiert nicht an dir.« Na, da wäre ich mir mal nicht so sicher.

Sam zeigte zur Bar, und wir liefen hinüber. Er bestellte zwei Corona und drückte mir eines in die Hand. Mein Blick schweifte aufmerksam über die Menschen. Die meisten Männer trugen Hemden oder Anzüge. Shawn stach mit seinem lockeren Outfit klar heraus, aber ich dachte mir schon, dass er nicht viel Wert auf die Meinung anderer legte. Es hätte mich gewundert, wenn er in einem Anzug hier aufgetaucht wäre.

Ich sah mir in dem schummrigen Licht jedes Gesicht ganz genau an, konnte aber Darren nicht entdecken. Verdammt, hätte ich vielleicht doch meine Brille mitnehmen sollen? Zwei Männer begrüßten Sam, und er sah mich kurz an, während ich ihm freundlich zunickte. Er war nicht hier, um meinen Aufpasser zu spielen, also war es völlig in Ordnung, wenn er sich seinem Job widmete.

»Ich geh mich mal umsehen!«, sagte ich in seine Richtung.

»Kommst du klar, soll ich dich begleiten?«, fragte er.

Ich schüttelte den Kopf. »Bin gleich wieder da, danke!«

Ich lief an der Bar entlang und sah mir die Sitznischen in den Ecken ganz genau an. Haufenweise Frauen in extrem knappen Kleidchen, riesige, muskulöse Kerle und dünne Anzugsträger. Die Party war fast schon eine Sause und genauso klischeehaft, wie ich mir eine Sportlerveranstaltung vorgestellt hatte. Am Ende der Tanzfläche führte eine Wendeltreppe nach oben, und ich ging hinauf. Auch im oberen Stockwerk befand sich eine Bar in der Mitte des Raumes, und hier war es ebenfalls völlig überfüllt.

Mit dem Rücken lehnte ich mich dagegen und suchte auch hier unter den Menschen nach einem Anzeichen von Malone oder meiner Schwester. Doch das Einzige, was ich sah, war Shawn, der wie der König höchstpersönlich mit den Armen auf den Sitzpolstern und zwei Frauen, die sich an seine Seiten schmiegten, in einer Nische saß und mich anstarrte. Sein Blick war derart intensiv, dass ich kaum ignorieren konnte, wie heftig mein Herz gegen meinen Brustkorb schlug. Was wollte er von mir? War es die Jagd, nach etwas, das man nicht bekommen konnte? Er hatte bestimmt nicht oft ein Nein gehört, und das kratzte wohl ziemlich an seiner Würde. Die Blondine links von ihm flüsterte ihm etwas ins Ohr, aber seine Miene zeigte keine Regung. Sein Gesicht war hart und eiskalt. Ein Schauer durchfuhr mich. Er war genau, wie ich von Anfang an gedacht hatte, und garantiert kein Mann für mich. Der kurze Anflug von Nettigkeit war schnell wieder verflogen und er zeigte sein wahres Gesicht. Wahrscheinlich war das Einzige, was er lieben konnte, er selbst, denn Sam und Rob behandelte er ebenfalls nicht gut. Wie ich solche aufgeblasenen Kerle hasste! Er musste schon in der Schule der Sportler gewesen sein, dem alles hinterhergetragen wurde. Frauen, Noten und die Aufmerksamkeit aller. Meine Schulzeit war okay, ich hatte Hunter, und über solche Kerle hatten wir uns immer lustig gemacht.

»Hey, möchtest du was trinken?« Mühsam löste ich den Blick von Shawn und sah nach rechts in das Gesicht eines mir unbekannten Typen. Er wirkte nett, relativ normal im Gegensatz zu den zahlreichen Muskelprotzen hier in diesem Raum.

»Klar, gerne«, antwortete ich und wandte mich ihm ganz zu. Vielleicht könnte ich ihn nach Malone fragen. Wenn Shawn ihn kannte, dann wahrscheinlich auch dieser Typ.

Er deutete mit dem Kopf auf meine mittlerweile leere Flasche. »Corona?«

Ich nickte, er bestellte beim Barkeeper und hielt mir daraufhin seine Hand hin. Ich ergriff sie, und er beugte sich ein Stück zu mir. »Ty, freut mich.«

»Lauren, freut mich ebenfalls.« Lächelnd fuhr er sich mit den Fingern durch das blonde Haar. Eigentlich stand ich eher auf dunkelhaarige Typen, aber da ich nichts mit ihm anfangen wollte, sollte mir das egal sein. Seine Lachfältchen um die Augen machten zumindest einen freundlichen Eindruck, und ich fühlte mich nicht mehr ganz so fehl am Platz.

»Was machst du hier?«, fragte er, und ich wollte gerade antworten, als ich eine Hand spürte, die meinen Bauch umschlang und mich besitzergreifend an einen harten Körper zog. Sofort begannen alle meine Nervenenden zu pulsieren.

»Sie begleitet ihren Freund«, knurrte Shawn hinter mir, und ich hielt die Luft an.

»Oh, das wusste ich nicht, sorry«, sagte Ty.

Ruckartig drehte ich mich um und sah Shawn warnend an. Sein Arm umfasste immer noch meine Taille, und sein Unterleib presste sich gegen meinen Bauch. »Keine Sorge, das ist nicht mein Freund, das ist nur mein Boss.« Er konnte mich nicht erst den halben Abend ignorieren und dann tun, als würde ich ihm gehören. Ich wandte mich aus seiner Umarmung und widmete meine Aufmerksamkeit wieder Ty. Ich spürte die bebende Anspannung in meinem Rücken, die man förmlich greifen konnte. Es war nur noch eine Frage der Zeit, dann würde Shawn explodieren. Hoffentlich ließ er seine Laune nicht an dem armen Ty aus.

»Also, was sagtest du noch, du bist auch Kämpfer?«, fragte ich Ty provokant.

Plötzlich schob sich Shawn zwischen uns und funkelte mich stinksauer an. Tys Körper verschwand komplett hinter seinem. In einem Kampf hätte er niemals eine Chance gegen Shawn. Mit einem murmelnden »Sorry« machte sich Ty aus dem Staub, und Shawn baute sich noch größer vor mir auf. Ein Kloß setzte sich in meinem Hals fest, aber ich sah ihn weiterhin genauso wütend an wie er mich. Ich würde garantiert nicht einknicken!

»Was willst du mit deinem Scheißverhalten bezwecken? Dass ich mich in deine Arme werfe, weil du mich mal wieder vor einem bösen Kerl gerettet hast? Ich habe schon mal gesagt, ich komme allein klar«, zischte ich und verschränkte die Arme vor der Brust.

Er ging noch einen Schritt auf mich zu, und meine Unterarme berührten seinen harten Oberkörper. Seine Atmung ging schnell, und meine passte sich seiner automatisch an.

»Ich will dich nicht retten, du benimmst dich einfach nur …« Er verstummte und fuhr sich durch die Haare, die daraufhin noch ein größeres Durcheinander waren als zuvor.

»Wie benehme ich mich?«, fragte ich bedrohlich. Wollte er mir gerade unterstellen, dass ich mich an sämtliche Typen ranmachte? War das sein verdammter Ernst? »Wer sitzt denn hier nach fünf Minuten mit zwei Tussis, von denen er wahrscheinlich noch nicht mal den Namen weiß!«

»Ich bin dir keine Rechenschaft schuldig«, knurrte er.

»Genau, niemandem! Nicht wahr, Rage? Du bist der Allergrößte!«, keifte ich. »Außerdem bin ich dir ebenfalls nichts schuldig. Ich bin deine Angestellte, nicht dein Spielzeug!« Blitzschnell griff er an mir vorbei und schnappte sich eine Wodkaflasche, die auf dem Tresen stand. Mit einem letzten abschätzigen Blick schmiss er zwei Hunderter auf die nun leere

Stelle und verschwand. Ich unterdrückte den Drang nachzusehen, wohin er ging, konnte mir aber denken, dass er geradewegs zu den beiden Weibern zurücklief. Was für ein mieser Mistkerl!

Doch das bescheuerte Verlangen siegte, und ich drehte mich zurück zu Shawn, um mir die Bestätigung zu holen, die ich brauchte. Denn genau das hatte ich gemeint. Ein Pulverfass, das durch den kleinsten Funken sofort zum Explodieren gebracht werden konnte.

Shawn schüttete sich abwechselnd den Wodka in den Rachen oder zog sich eine der Frauen heran, damit er ihnen die Zunge in den Hals stecken konnte. Mir wurde übel. Er war ein Arschloch, egal wie oft er versuchte, diese Tatsache zu verstecken. Irgendwann brach diese Eigenschaft immer wieder aus ihm heraus.

Aber ich war nicht hier, um Shawn von seinen Eskapaden abzulenken, sondern um endlich Malone zu finden. Und damit würde ich nun anfangen! Ich ging zu einem wildfremden Typen und tippte ihm auf die Schulter.

»Ja?«

»Hast du Darren Malone gesehen?« Er schüttelte stumm den Kopf, und ich ging weiter. Nach der zehnten Verneinung ging ich seufzend wieder nach unten. Ich sah Sam allein an der Bar stehen und lief zu ihm.

»Hey, da bist du ja!«, grüßte er mich. »Du siehst nicht gerade so aus, als hättest du Spaß. Was hat er getan?«

Ich winkte ab. »Nichts. Alles gut. Es geht nicht um ihn.«

Sam zog eine Augenbraue in die Höhe. »Wo ist er?«

»Oben.«

»Wie viel Wodka?«

»Eine Flasche.«

Sam seufzte und sah bedrückt aus. Eigentlich sah er sogar ziemlich fertig aus.

»Wieso lasst ihr ihm das durchgehen?«, fragte ich ehrlich verwundert. Wenn Hunter mich jedes Mal so behandeln würde, hätte ich ihm schon längst die Freundschaft gekündigt.

»Vielleicht weil Rob und ich immer noch an den guten Shawn glauben.« Sam wirkte müde.

»Was ist, wenn der böse Shawn den guten so weit verdrängt hat, dass er nicht mehr zurückfindet?«

»Das habe ich mich schon oft gefragt … Weißt du, es gab Zeiten, da kam er besser klar. Er hat gut gekämpft, war für mich da, als ich seine Hilfe gebraucht und selbst in einem ziemlichen Loch wegen meiner Exfreundin gesteckt habe. Wusstest du, dass er Rob Geld gegeben hat, damit er eine OP für seine Tochter bezahlen konnte?«

Ich schüttelte den Kopf. Woher auch?

»Er wollte nie etwas dafür zurück. Vielleicht haben wir das Gefühl, dass wir uns für seine Hilfe revanchieren müssen. Keine Ahnung.« Er zuckte mit den Schultern, trank noch einen Schluck Corona und sah nachdenklich geradeaus. »Shawn ist kein schlechter Mensch. Auch wenn es auf dich bestimmt einen anderen Eindruck macht. Es ist furchtbar, wenn man die Vergangenheit nicht abschütteln kann …« Er lächelte traurig, und ich fragte mich erneut, was er mit dieser Anspielung meinte. Wahrscheinlich würde ich es nie herausfinden, doch auf eine Art konnte ich es verstehen.

»Ist es schlimm, wenn ich zurück ins Hotel fahre? Ich bin ziemlich müde«, sagte ich. Doch das war nur die halbe Wahrheit. Eigentlich frustrierte es mich, dass ich Darren Malone heute anscheinend wieder nicht finden würde und mein Plan nicht aufzugehen schien. Außerdem wollte ich Shawn nicht vor die Füße laufen, wenn er sich benahm wie ein verdammter Steinzeitmensch.

»Nein, natürlich nicht! Weißt du was, ich bin ebenfalls fertig. Ich sag schnell einigen Leuten Tschüss und komm mit.«

»Okay. Ich gehe schon mal raus an die frische Luft.«

»Klar, ich geb dem Fahrer gleich Bescheid, damit er uns abholen kann!«, sagte er und zog das Handy aus der Tasche.

»Danke dir! Bis gleich!«

Ich stellte die halb volle Bierflasche auf den Tresen und ging nach draußen. Der Türsteher stand mit einem Klemmbrett unter dem Arm vor dem Eingang und sah starr geradeaus. Das eröffnete eine Möglichkeit, die mir vorhin noch gar nicht in den Sinn gekommen war.

»Entschuldigung«, sagte ich und blickte ihn freundlich an, denn ich hatte schließlich so meine Erfahrungen mit Securitytypen gemacht. Skeptisch sah er auf mich herunter. »Dürfte ich erfahren, ob Darren Malone bereits anwesend ist? Wir waren verabredet.«

»Natürlich, Miss«, erwiderte er höflich und durchforstete seinen Zettel. »So wie es aussieht, hat er abgesagt.«

»Oh, danke.« Verdammt! Aber dass er seinen Namen gefunden hatte, bedeutete, dass ich nicht auf der komplett falschen Spur war!

Kapitel 14

Shaun

Linkin Park

Numb

Trotz Wodka und zwei heißen Fegern neben mir kreisten meine Gedanken um Lauren. Fuck, wieso ließ sie mich immer wieder abblitzen, obwohl ich ihr unmissverständlich klarmachte, dass ich sie wollte? Ich verstand diese Weiber einfach nicht! Zeigte man ihnen die kalte Schulter, waren sie angepisst. Zeigte man ihnen, wie sehr man auf sie stand, waren sie ebenfalls angepisst.

Trotzdem fragte ich mich die ganze Zeit, ob sie jetzt mit Sam unten rummachte. Allein schon seine Art ihr gegenüber im Aufzug oder in der Limousine hatte mich tierisch abgefuckt. Er hatte mir nach der Trennung von Nicki vor einem Jahr gesagt, er habe im Moment keine Lust auf eine Beziehung. Ich wusste, er war nicht der Typ, der auf One-Night-Stands stand, also wieso konnte er seine Griffel nicht von Lauren lassen?

Okay, sie sah extrem scharf aus heute und roch unwahrscheinlich gut. Scheiße, ich bekam die ganze Zeit die Vorstellung nicht aus dem Kopf, wie ich ihr diesen kurzen Rock über den prallen Po nach oben zog und … Wahnsinn, ich war völlig besessen! Mit der Hand fuhr ich mir über das Gesicht.

Ruckartig stand ich auf, ignorierte die Rufe der beiden Blondinen und stürmte nach unten. Ich musste dafür sorgen, dass Sam seine Finger, die Zunge und vor allem seinen Schwanz schön von Lauren fernhielt! Mal davon abgesehen davon, dass es hier genug Kerle gab, die ihr zu nahe kommen konnten. Okay verdammt, ich war eifersüchtig! Extrem eifersüchtig! Ich musste einfach wissen, was sie gerade machte. Es war wie ein innerer Zwang, dem ich unbedingt nachgeben musste.

Unten angekommen sah ich Sam an der Bar, wie er mit einem anderen Typen im Anzug plauderte. Weit und breit keine Lauren. War sie auf der Toilette oder bereits gegangen? Da ich schlecht in das Damenklo stürmen und nach ihr rufen konnte, zog ich das Zigarettenpäckchen aus meiner Jackentasche und ging hinaus. Ein Glück, da stand sie am Straßenrand und wartete ziemlich wahrscheinlich auf unseren Fahrer. Dass Sam sie allein dort stehen gelassen hatte, war unfassbar. Er hätte sie wenigstens nach draußen begleiten können! Obwohl … eigentlich war das noch viel besser. Denn ich wollte nicht, dass Sam auf sie aufpasste. Ich wollte derjenige sein, dem sie ihre Aufmerksamkeit schenkte. Und dabei war es gerade völlig egal, ob es eine positive oder eine negative war. Hauptsache, sie redete mit mir und sah mich mit ihren braungrünen Augen an. Total irrational und bescheuert, doch ich konnte es nicht abstellen. Hätte ich gewusst, wie, hätte ich es bereits bei unserer ersten Begegnung getan.

Ich zündete mir eine Kippe an und trat von hinten nah an sie heran. »Willst du schon gehen, Bambi?«, wisperte ich ihr zu und ging einen Schritt zurück. Nicht dass sie erneut auf die fabelhafte Idee kam, mir eine Ohrfeige zu verpassen.

»Ich wollte dir nicht den Spaß verderben, Shawn«, sagte sie schneidend und schürzte verächtlich die Lippen. »Deshalb gehe ich lieber.«

»Wir könnten noch sehr viel mehr Spaß miteinander haben.« Innerlich ärgerte ich mich über mich selbst, dass mir immer wieder irgendwelche Sprüche herausrutschten. Aber so war ich nun mal. Ich überspielte meine wirklichen Gedanken damit ganz gut, und die meisten Menschen schien das nicht mal zu stören. Niemand wollte hinter meine Fassade schauen, und das war verdammt noch mal gut so. Doch Lauren war nicht wie die meisten.

»Sag mal, hast du eine gespaltene Persönlichkeit oder Borderline? In der einen Minute schaust du mich nicht mal mit dem Arsch an, in der anderen benimmst du dich wie ein Vollidiot und in einer weiteren machst du mir zweideutige Angebote!«, sagte sie laut, und ich zog an meiner Zigarette, denn ich wusste selbst nicht, was ich darauf antworten sollte oder weshalb sie mich so durcheinanderbrachte. Sie hatte mit allem recht, ich war auch vorher schon ein Wrack gewesen, aber seitdem sie in meiner Nähe war, fühlte ich mich extrem durcheinander. Und das wurde von Tag zu Tag schlimmer.

»Außerdem solltest du nicht rauchen«, sagte sie trotzig. Ohne zu zögern, warf ich die Kippe auf die Straße.

»Eigentlich rauche ich nur, wenn ich angespannt bin.«

»Dann bist du das ziemlich oft, oder?«

Ich ging noch einen Schritt auf sie zu. »In letzter Zeit, ja.«

Ihr Atem wurde schneller, und in mir erwachte die Sehnsucht nach ihren wunderschönen Lippen, die mich fast durchdrehen ließ. Genauso wie vorhin in meinem Hotelzimmer. Sie war mir so nah gewesen.

»Wieso benimmst du dich so oft wie ein Arschloch?«, fragte sie leise.

»Es tut mir leid.«

»Und wieso überspielst du alles mit bescheuerten Sprüchen, anstatt endlich mal du selbst zu sein?«

Ich hob meine Hand und strich ihr mit dem Daumen über die Wange. Ihre Haut war so extrem weich.

»Es tut mir leid.« Ihr Blick war fast sehnsüchtig. Ich wünschte, dass ich mir diesen Ausdruck nicht nur einbildete, und vor allem, dass ich ihn öfter sehen könnte.

»Ich kann dich nicht leiden«, flüsterte sie, und langsam hob ich die andere Hand zu ihrem Gesicht, rahmte es mit meinen Fingern ein. Ich glaubte ihr kein Wort.

»Du bist arrogant …«

»Ja«, bestätigte ich.

»Überheblich und großkotzig …«

»Ja.«

»Egoistisch …«

»Nicht immer.« Ein winziges Schmunzeln trat auf ihre Lippen, fast zu klein, um es sehen zu können.

»Und besessen von dir«, erwiderte ich leise und zog ihr Gesicht näher an mich heran. Ich wollte sie küssen, so dringend! Ihren weichen Mund auf meinem spüren, ihre Zunge, ihr Stöhnen, ihr …

»Ich bin so weit, wir können los!« Wir stoben auseinander, als Sam auf uns zueilte. Sie biss sich auf die Unterlippe und wandte den Blick von mir ab.

»Da bin ich«, sagte er und trat vor uns. »Alles in Ordnung bei euch?« Er sah stirnrunzelnd zwischen uns hin und her. »Shawn?«, fragte er misstrauisch.

Ja, natürlich! Wenn etwas nicht stimmte, war ganz sicher ich es, oder was? Wobei er nicht ganz unrecht hatte …

»Alles okay«, antwortete Lauren und lächelte schüchtern. Die Limousine tauchte am Fahrbahnrand auf, und Sam öffnete die Tür.

»Kommst du mit?«, fragte Sam, und auch Lauren sah mich fragend an. Wahrscheinlich wollte sie nur sichergehen, dass sie allein mit Sam war, denn das war garantiert ihr Plan gewesen! Deshalb hatte sie hier draußen gewartet, damit Sam sich von allen verabschieden konnte. Sollten sie doch machen, was sie wollten! Dann musste ich mir wenigstens nicht weiter ihr Geturtel auf der Rückfahrt anhören! Sie hatte selbst gesagt, was ich alles für sie war. Und Sam war das genaue Gegenteil. Sie wollte mich nicht.

»Ganz bestimmt nicht, die Nacht ist noch jung«, erwiderte ich spöttisch und trat einen Schritt zurück. Mit einem letzten Blick auf Lauren zog ich mir das Zigarettenpäckchen aus der Tasche.

»Okay. Bis morgen«, murmelte Sam, und beide verschwanden im Inneren des Autos. Als es anfuhr, verharrte ich einige Sekunden. Fuck! Wütend pfefferte ich das Päckchen auf die Straße, als die Limousine hinter der nächsten Ecke verschwand.

»Hey, da bist du ja, Baby! Kommst du wieder mit rein?« Ich drehte mich um und sah die Blondine von vorhin an der Tür stehen. Ablenkung! Und zwar schnell!

»Klar.« Ich lief auf sie zu, umschlang ihre Taille mit meinem Arm und steuerte mit ihr die Sitznischen im oberen Bereich an. Das war das, was ich brauchte, um alles zu vergessen. Etwas Unkompliziertes und Einfaches. Das hatte bisher am allerbesten funktioniert! Lauren war sowieso furchtbar anstrengend! Doch bevor wir die Plätze erreichten, tippte mir jemand hart auf die Schulter. Das hatte mir gerade noch gefehlt.

Langsam drehte ich mich um und sah geradewegs in das Gesicht von Junus Sawyer. Großartig. Auf diese Pissnelke hatte ich jetzt richtig große Lust.

»Hast auch schon mal besser ausgesehen«, sagte er und spielte auf die verblassenden Spuren meines letzten Kampfes an.

»Du noch nie. Bist immer noch so hässlich wie eh und je«, konterte ich, und seine Visage verzog sich zu einem überheblichen Grinsen.

»Wo ist dein Schatten Malone? Ich dachte, in einer Beziehung geht man immer gemeinsam aus?«

Sawyer hob seinen Mittelfinger vor mein Gesicht. »Ich werde dir bei unserem Kampf das Herz rausreißen, Dawson.«

Ich lachte kurz auf. »Klar, in welcher Traumwelt lebst du? Hast du New York vor zwei Jahren vergessen? Oder hast du jetzt tatsächlich einmal trainiert?«

»Fick dich!«

»Oh, sehr einfallsreich. Wenn du mir nichts Neues zu sagen hast, dann verpiss dich jetzt und lass mich meine Sachen machen.« Ich sah auf die Blondine in meinem Arm, die sich völlig falsch anfühlte. »Du kannst mich mal, Sawyer!«

»Das hat deine Mum letzte Woche auch zu mir gesagt.« Er grinste, und mein Körper spannte sich an. Meine Hände ballten sich zu Fäusten. Wie gerne würde ich ihm sein großkotziges Grinsen aus dem Gesicht schlagen. Wie einfach wäre es, ihn hier, mitten in diesem bescheuerten Club, fertigzumachen.

Sein Blut überall im Raum zu verteilen, bis er verdammt noch mal aufhörte zu atmen.

Adrenalin pumpte durch meine Venen, und ich stieß die Frau in meinem Arm leicht von mir weg. Er lächelte mich immer noch höhnisch an. Wartete auf meinen Angriff.

Körperliche Auseinandersetzungen außerhalb der offiziellen Wettkämpfe waren verboten und wurden mit direktem Ausschluss geahndet. Das wollte er. »Nur weil du Angst vor unserem Kampf hast, möchtest du mich beiseiteschaffen? Das ist gut, das zeigt mir, dass du immer noch so eine Pussy bist wie früher.«

Ich lief an ihm vorbei und rempelte ihn mit der Schulter an. Mir war die Lust auf alles vergangen, und eine bleierne Müdigkeit legte sich über mich. Auf dem Weg nach draußen schnappte ich mir eine Flasche, die auf irgendeinem Tisch herumstand, und suchte das nächste Taxi. Mit zwei Promille würde ich wenigstens schlafen können. Hoffentlich.

Kapitel 15

Lauren

Ed Sheeran
Shape Of You

Shawn war heute wie immer kalt. Beim Frühstück war er auf seinem Zimmer geblieben, und auf dem Weg zum Trainingscenter hatte er kein einziges Wort von sich gegeben.

Er saß, mit einer Sonnenbrille auf der Nase und einer Basecap tief in sein Gesicht gezogen, neben mir auf der Rückbank und schwieg. Dabei hatte ich gestern kurz das Gefühl gehabt, er öffnete sich mir. Weshalb auch immer ich das wollte. Aber nachdem Sam aus dem Club gekommen war, hatte er sich erneut verschlossen und zeigte seither seine ätzende Leckt-mich-doch-alle-Haltung.

Ich konnte sie nicht ausstehen.

Rob parkte den Wagen auf einem großen Parkplatz vor der Trainingshalle.

»Ich komm gleich rein!«, sagte ich und hielt mein Handy in die Luft, damit die Männer sehen konnten, dass ich noch telefonieren wollte. Sam nickte, und sie verschwanden hinter der doppelflügligen Glastür ins Innere der Halle.

Ich wählte Ginis Nummer. Wie jeden morgen. Doch auch diesmal landete mein Anruf direkt auf ihrer Mailbox.

»Ähm, hi, Gini. Ich weiß nicht, ob du diese Nachricht bekommst, aber ich möchte dir nur sagen, ich warte auf deinen Rückruf. Wir vermissen dich und machen uns Sorgen. Bye.«

Seufzend legte ich auf, und genau in dieser Sekunde zeigte das Display eine Nachricht von Hunter an. Lächelnd öffnete ich sie. Das war jetzt genau die Aufmunterung, die ich brauchte.

Schätzchen, ich hoffe, es geht dir gut und der Muskelprotz hat dich noch nicht unter sich begraben! Pass auf dich auf, und wenn du Hilfe brauchst, melde dich!!

xoxo Hunter

Ich antwortete ihm:

Alles gut, ich lebe noch. Mehr schlecht als recht, Dawson ist wirklich ein Penner! Noch keine Spur von Gini. Natürlich melde ich mich dann!

xoxo Laurie

Seine Antwort ließ nicht lange auf sich warten:

Das hört sich gar nicht gut an! Wir sollten heute Abend telefonieren!

Ich lächelte traurig. Hunter merkte immer sofort, wenn etwas mit mir war, und ich vermisste ihn und seine warme Art. Seufzend steckte ich das Telefon in meine Tasche und ging in die Halle. Um besser mit Shawn zwischen den Trainingseinheiten arbeiten zu können, trug ich heute selbst eine Yogahose und ein Sporttop. Vielleicht könnte ich sogar ein bisschen auf das Laufband gehen, denn ansonsten langweilte ich mich sicherlich zu Tode. Sam hatte heute ebenfalls Sportklamotten an und wohl vor, mitzutrainieren.

An der Anmeldung teilte ich dem Typen dahinter mit, dass ich zu Shawn gehörte, und er ließ mich mit einem Kopfnicken durch.

Das Innere strotzte nur so vor Testosteron. Eigentlich gab es nur einen riesigen Raum, voll mit Trainingsgeräten, Boxsäcken, mehreren Ringen mit ausgelegten Matten und allerlei anderem Kram. Ich war wahrscheinlich die einzige Frau, die diese Stätte der Männlichkeit je betreten hatte. Das hier war, neben den Wettkampfhallen, der zweitfurchtbarste Ort, den ich mir vorstellen konnte. Ich wusste, weshalb ich lieber allein schwimmen ging und mir nicht so was antat.

Ich durchquerte die Halle, weil ich die drei Männer in einem hinteren Bereich beim Aufwärmen sah. Breite, verschwitzte Kerle schauten mir widerlich lüstern hinterher, und ich konnte vor so viel Gehabe nur die Augen rollen. Tiere. Sagte ich doch!

»Mach mal die Musik an«, knurrte Shawn und schnappte sich ein Springseil. Wow, er konnte ja doch reden. Ich dachte, eine der Tussis hätte heute Nacht seine Zunge verschluckt.

Sam drückte auf einige Knöpfe einer Musikanlage in der Ecke, und laute Rockmusik dröhnte durch die gesamte Halle. Die meisten Männer fingen an zu jubeln und die Fäuste in die Höhe zu strecken, wohingegen ich mich kopfschüttelnd an der Wand auf den Boden setzte.

Während der Frontman von AC/DC sang, dass er auf einer Autobahn auf dem Weg in die Hölle war, grölte die Hälfte der Männer mit, und ich musste nun doch darüber grinsen, wie erwachsene Männer sich benahmen. Sam kam zu mir und sah mich schulterzuckend an. »Er mag den großen Auftritt, weißt du doch mittlerweile.«

Nach dem Lied erklang schnellerer Rock, und Rob verband Shawns Finger mit Tape. Sie begannen ein Pratzentraining, und ich bewunderte die mächtigen Schläge, die Shawn mit seinen geballten Fäusten auf das Polster krachen ließ. Seine kräftigen Arme spannten sich jedes Mal an wie eine Sprungfeder, und man konnte beim Anblick der definierten Muskeln die enorme Kraft nur erahnen, die dahinterstecken musste. Sollte ich jemals so einen Hieb abbekommen, würde ich garantiert nie wieder aufstehen.

Auch sein Gesicht zeigte höchste Konzentration. Die Falte zwischen seinen Brauen wurde steiler, seine Züge härter, und jeder Punch saß. Das Temperament, das er ausstrahlte, faszinierte und ängstigte mich gleichermaßen, und ich konnte kaum den Blick von ihm abwenden. Merkwürdigerweise hatte ich das Gefühl, ihn ewig beobachten zu können, obwohl ich Gewalt sonst verabscheute.

»Benötigst du noch irgendetwas? Wenn du ebenfalls die Geräte nutzen möchtest, kannst du das gerne machen. Das Training wird jetzt ungefähr eine Stunde gehen, danach braucht Shawn dich erst«, sagte Sam plötzlich und deutete mit dem Daumen hinter sich. Ich hatte fast vergessen, dass er immer noch vor mir stand.

Ich winkte ab und holte ein Buch aus meiner Tasche. »Alles gut, ich werde die Zeit schon rumkriegen. Ich geh später mal auf das Laufband.« Ich wollte es vermeiden, mich jetzt schon wieder den Blicken der anderen Kerle auszusetzen. Nachher würde ich mich an das Umfeld hier gewöhnt haben.

»Okay«, erwiderte er lächelnd und verschwand selbst innerhalb der Halle. Die Musik wurde schneller, aggressiver, und ich konnte mir gerade so verkneifen, mir wie ein Mädchen die Ohren zuzuhalten. Wow, kein Wunder dass Shawn so eine Aggression entwickelte. Mit Rockmusik konnte ich noch nie wirklich viel anfangen. Gini hatte es immer laut in ihrem Zimmer gehört, und ich erinnerte mich daran, wie ich mehrmals am Tag wild gegen ihre Tür gehämmert hatte. Aber leiser gemacht hatte sie natürlich nie. Von ihr hatte ich auch mein Lieblingsshirt der Ramones, das ich nicht wegen der Band liebte, sondern weil es von ihr war. Hastig verdrängte ich die Gedanken, die den alten Knoten in meiner Brust immer fester zurrten, und zog das Buch und meine Brille aus der Tasche. Das dicke Gestell war alles andere als modern, aber es tat seinen Zweck.

»Hey, soll ich dir die Geräte zeigen? Es sieht so aus, als würdest du dich langweilen, und ich bin hier Fitnesstrainer.« Ich sah nach oben, in die blauen Augen eines muskulösen Typen, der ungefähr in meinem Alter war. Sein ärmelloses Shirt war verschwitzt, und er strich sich mit einem Handtuch, das um seine Schultern hing, den letzten Schweiß von der Stirn.

»Ähm, nein danke«, sagte ich und zog meine Brille von der Nase. Er kam zu mir runter in die Hocke und sah sich den Buchrücken an. Schnell drückte ich das Buch auf meine angewinkelten Oberschenkel, aber er grinste bereits.

»Ja, okay, verstanden.«

Ich verdrehte die Augen. Schnulzen hatten es mir nun mal angetan, auch wenn ich wusste, dass es Happy-End-Romanzen nur in Filmen und Büchern gab.

»Lauren?« Shawns Stimme donnerte bestimmend durch den halben Raum, und aufmerksam suchte ich seinen Blick. Seine Augenbrauen waren so weit zusammengezogen, dass sie sich fast in der Mitte berührten, und seine Augen flackerten von mir zu dem Kerl, der sich ebenfalls umgedreht hatte. Da war er wieder, der besitzergreifende Shawn. Den hatte ich gestern schon kennengelernt.

»Ich hab mir den Arm gezerrt!«, sagte er unmissverständlich. Seufzend legte ich das Buch und die Brille neben mir ab und stand auf. Ich sah den Typen entschuldigend an. »Sorry, ist mein Boss. Ich bin hier nicht zum Spaß.«

»Ach so, okay. Na dann, bye!« Glücklicherweise ging er davon, aber Shawn bedachte ihn immer noch mit einem Blick, der ihn locker hätte töten können. Rob stand hinter Shawn und verkniff sich ein Grinsen. Daraufhin ließ er uns allein.

»Wo?«, fragte ich knapp, und Shawn hielt mir seinen rechten Arm hin. Es war das erste Gespräch, das wir seit gestern führten. Wenn man das wirklich so nennen konnte. Bereits jetzt war er verschwitzt, und ich fuhr mit den Fingern über seine Muskeln. Vorsichtig beugte ich den Unterarm und sah ihn dabei aufmerksam an. »Tut das weh?« Er schüttelte den Kopf, und ich strich weiter über seine Sehnen, die aus seiner heißen Haut traten. Die angespannte Stimmung zwischen uns machte mich nervös, weil ich nie wusste, wie er reagieren würde.

»Deine Musik ist furchtbar«, sagte ich leise und sah kurz von seinem Arm in sein Gesicht. Seine Miene entspannte sich ein wenig. Glücklicherweise verblassten die Wunden seines letzten Kampfes von Tag zu Tag mehr. Schade, dass sie immer nur für eine gewisse Zeit heilten, denn wenn der nächste Fight hinter ihm lag, hatte sich das erledigt.

»Findest du?«, brummte er.

Ich nickte. »Ziemlich.«

»Du solltest sie zum Schwimmen hören, du würdest eine ganz andere Geschwindigkeit finden«, sagte er weiterhin angespannt. Meine Hände glitten nach oben über den Ansatz seiner Schultermuskulatur. Noch nicht mal mit beiden Händen konnte ich seine Schulter komplett umschließen.

»Ich glaube, ich würde lieber untergehen, als dem Lärm ausgesetzt zu sein«, murmelte ich und fuhr seinen Arm hinunter, um gegen seine Hand zu drücken. »Tut das weh? Kannst du deinen Arm richtig einsetzen?« Es fühlte sich nicht wirklich so an, als hätte er einen enormen Kraftverlust oder tatsächlich eine Zerrung. Oder ich war nur ziemlich schwach …

»Ja, geht«, erwiderte er knapp.

»Okay. Sieht nicht so aus, als wäre es etwas Lebensbedrohliches«, sagte ich und ließ ihn los.

Gerade wollte ich mich wieder umdrehen, als ich seine Stimme vernahm und in der Bewegung innehielt. »Lauren?«

Wow, er kannte meinen Namen ja doch!

»Ja?« Nervös strich er sich durch die dunklen Haare. So hatte ich ihn vorher noch nicht erlebt und musste zugeben, es amüsierte mich ein wenig.

»Willst du nach dem Training mit mir Essen gehen?«

»Essen gehen?« Ich sah ihn ungläubig an. Hatte er das eben tatsächlich gefragt?

»Nichts Großes, nur einen Burger oder so etwas. Kein Date!« Natürlich nicht. »Ich möchte nur …« Er verstummte.

»Was?« Er musste es aussprechen, andernfalls ließ ich mich nicht auf sein Angebot ein. Er sollte endlich mal über seinen verdammten Schatten und sein viel zu mächtiges Ego springen!

Er blies die Luft aus den Lungen und sah mich gequält an. »Mich entschuldigen, okay?«, sagte er fast genervt, und ich verkniff mir ein Grinsen. Obwohl er breit und mächtig vor mir stand, strahlte er eine absolute Unsicherheit aus, die ich hundertmal mehr leiden konnte als sein überhebliches Getue.

»Wofür?«

»Ach Lauren, muss das jetzt sein? Geh einfach mit mir einen Burger essen und gut ist!« Er fuhr sich erneut durch die Haare, die nun in alle Richtungen abstanden.

»Na gut.« Ich wollte ihn nicht unnötig quälen.

Shawn lächelte leicht. »War mir klar. Du stehst schließlich auf mich.« Er drehte sich lässig um und lief zurück zu Rob, der auf ihn wartete, damit das Training weitergehen konnte. Wenn es nicht peinlich gewesen wäre, ihm durch die gesamte Halle hinterherzubrüllen, dass er sich sein Essen in die Haare schmieren konnte … ich hätte es gemacht! Wie konnte ein Mann nur zwei so völlig unterschiedliche Gesichter besitzen? Ich war in der Hölle!

***

Rob und Sam hatten sich ein Taxi ins Hotel zurück genommen. Nachdem Shawn im Trainingscenter duschen gewesen war, kam er, gekleidet in eine frische Jogginghose und ein schwarzes Shirt, aus der Umkleide. Im Gehen setzte er sich eine Basecap umgedreht auf den Kopf und schenkte mir ein schiefes Grinsen. Blöderweise musste ich es erwidern, und wir liefen schweigend zum Wagen.

»Isst du überhaupt Burger?«, fragte er und hielt mir die Beifahrertür des mattgrauen Maserati auf. Natürlich legte Shawn Wert darauf, an den Orten, an denen er war, die teuersten Autos zu mieten. Geldverschwendung …

Ich nahm Platz, er umrundete das Auto und warf sich auf den Fahrersitz. Der Duft seines Duschgels wehte zu mir herüber, und ich war froh, dass er heute nicht durch Zigarettenqualm überschattet wurde.

»Soll das ein Witz sein? Wer mag bitte schön keine Burger?«

Sein rechter Mundwinkel zuckte nach oben und entblößte leicht das kleine Grübchen, das ich furchtbar gerne sah. Einfach weil er es viel zu selten zeigte. Trotz der winzigen Narbe über seiner linken Augenbraue und dem Höcker auf seinem Nasenrücken sah sein Profil perfekt aus. Es war nicht fair, dass jemand mit so einem Gesicht sein Geld damit verdiente, sich ebendieses verunstalten zu lassen. Ich konnte diesem Sport einfach nichts abgewinnen.

»Außerdem können wir in unseren Klamotten nicht gerade in ein Vier-Sterne-Restaurant gehen«, sagte ich.

Er schnaubte. Ein Arm lag locker auf dem Lenkrad, während der andere auf der Mittelarmlehne ruhte. »Wir können alles, Bambi.«

Ach, jetzt war ich wieder Bambi. Blöderweise gefiel es mir sogar.

Er drückte auf einen Knopf am Lenkrad, und dröhnende Rockmusik erfüllte den Innenraum. Das Display in der Mitte zeigte uns eine Band namens *Avenged Sevenfold* an. Das Lied *This Means War* könnte unser tägliches Motto werden.

Ich drehte den Lautstärkeregler ein wenig nach unten.

»Ach stimmt, hab vergessen, dass du meine Musik scheiße findest.« Er grinste und fixierte die Straße, während ich den Blick nicht von ihm lösen konnte.

»Scheiße wäre ein bisschen übertrieben, aber wieso muss sie immer so laut sein?«

»Hört man gute Musik nicht laut?«

Ich zuckte mit den Schultern. Er drückte wieder auf einige Knöpfe, und es dauerte nicht lange, bis die Stimme von *Ed Sheeran* durch das Auto klang. Als Shawn dann auch noch begann, leise *Shape of You* mitzusingen, musste ich lachen. Obwohl sein Gesang eigentlich alles andere als zum Lachen war, denn selbst als Flüstern war seine Stimme melodisch und unfassbar warm, sogar ein wenig rau. Das Gefühl, das er mir damit vermittelte, verteilte sich in allen meinen Gliedern und sammelte sich geradewegs in meiner Brust. Gar nicht gut.

Er verstummte, sah schmunzelnd zu mir rüber und streckte ganz langsam seine rechte Hand nach mir aus. Oh Gott, wenn er so wie jetzt war, fiel es mir schwer, nicht daran zu denken, wie es wäre, ihm zu helfen, ihn zu unterstützen und für ihn da zu sein. Denn ich konnte nicht abstreiten, dass ich ihn schon fast leiden konnte, wenn er diese lockere Art zeigte. Nicht das Verbissene, das er sonst an den Tag legte.

Vorsichtig ergriff ich seine Hand, und wir verschränkten unsere Finger miteinander. Seine Handfläche war warm und rau, wahrscheinlich von dem ganzen Training. Mit wild klopfendem Herzen sah ich nach draußen. Ich spürte seinen kräftigen Daumen, der stetig über meinen Handrücken strich, während das Gefühl Blitze durch meinen gesamten Körper schickte und Ed immer noch über Magneten sang. Kein Vergleich wäre in diesem Moment passender gewesen.

Die Fahrt verging wie im Flug, und jeder von uns hing seinen Gedanken nach. Ich genoss es, seine breite Hand zu halten, ohne dass einer seiner Sprüche die Stimmung tötete. Wobei mir die Neckerei so langsam ein wenig gefiel.

Nachdem Shawn den Wagen geparkt hatte, lösten wir uns voneinander und stiegen aus. Er war tatsächlich zu einem klassischen Diner gefahren, und mir lief das Wasser im Mund zusammen. Er öffnete mir die Tür, wir traten ein und setzten uns an einen freien Tisch. Hier roch es unglaublich gut, und mein Magen begann zu knurren.

Auf der Karte gab es die üblichen Gerichte, und als eine Kellnerin in einer rosafarbenen Uniform vor uns stand, bestellten wir zwei Burger und zwei Coke.

»Darfst du deinen Ernährungsplan so einfach über den Haufen werfen?«, fragte ich, und er hätte nicht spitzbübischer grinsen können.

»Wenn du mich nicht bei Rob verpetzt, sollte das keine Probleme geben. Außerdem habe ich sowieso immer Hunger, deshalb weiß er, dass ich schummle.«

»Du hast doch nicht etwa Angst vor ihm? Shawn Rage Dawson hat Angst vor niemandem!«, tönte ich mit tiefer Stimme, und sein Blick ruhte weiter auf mir.

»Doch, manchmal hab ich Angst vor dir.«

»Vor mir?« Ich lachte kurz auf, aber sein Gesicht drückte aus, dass er keinen Spaß gemacht hatte. »Verscheißern kann ich mich selbst …«, murmelte ich und spielte unruhig mit dem Serviettenspender. Wenn er wüsste, dass es mir genauso ging …

»Hier, bitte«, sagte die Kellnerin und stellte unsere Getränke auf den Tisch.

»Hast du irgendwann vor, wieder Medizin zu studieren?«, fragte er, und ich seufzte. Wieso erneut dieses Thema? Anscheinend hatte er es nicht vergessen.

»Ich weiß nicht, mal schauen.«

»Willst du es von dir aus nicht mehr, oder gibt es einen anderen Grund?«

»Sie sind heute ganz schön neugierig, Mister Dawson«, versuchte ich die spielerische Stimmung von eben zurückzuholen. »Was ist denn mit dir? Aus welchem Grund bist du Kämpfer geworden?« Ich erinnerte mich an Sams Bemerkung über seine Vergangenheit. Ob das der Auslöser gewesen war?

Er lehnte sich zurück und schaute aus dem Fenster. »Weil ich noch nie etwas anderes getan habe.« Als er mich wieder ansah, wirkte er ein wenig nachdenklich. »Mein Dad war Boxer, zweifacher Weltmeister. Da war irgendwie klar, dass ich und meine Brüder in seine Fußstapfen treten wollen.«

»Ist das nicht eine wahnsinnig große Herausforderung?«, fragte ich.

Er zuckte mit den Schultern. »Ich hab mich vor noch keiner Herausforderung gedrückt.« Das nahm ich ihm aufs Wort ab.

Die Kellnerin stellte zwei Teller vor uns ab, und ich wandte mich widerwillig dem Essen zu. Denn eigentlich genoss ich es, endlich mehr über Shawn herauszufinden. Ich hob das obere Brötchen an und pulte die Gurken hinunter.

»Isst du die nicht?«, fragte Shawn und deutete auf das grüne Elend an meinem Tellerrand.

»Ich hasse Gurken auf dem Burger.«

Kurzerhand schnappte er sie sich und legte sie auf sein Patty. »Ich steh drauf …«

»Aber nur, weil dein Dad geboxt hat, heißt es doch nicht, dass du das ebenfalls tun musst, oder wolltest du das von selbst?« Ich biss genüsslich in den leckeren Burger und musste dabei gestöhnt haben, denn Shawn sah mich lächelnd an.

»Gut?« Ich nickte glücklich. »Na ja, mein Dad hat uns von Anfang an Disziplin und Durchhaltevermögen beigebracht. Aufgeben war nie eine Option, und irgendwie hatte ich schon immer das Gefühl, dass ich genau das machen möchte. Nach meinem ersten Sieg schwebte ich auf Wolken, es war fantastisch. Es war wie eine Droge, ich wollte es immer und immer wieder spüren«, beantwortete er meine Frage.

Okay, das konnte ich einigermaßen nachvollziehen. Medizin war damals nur Mittel zum Zweck gewesen, ich hatte keine Leidenschaft oder wirkliches Interesse gefühlt. Es sollte unserer Mum, meiner Schwester und mir einen besseren Weg ebnen. Wenn ich angestrengt nachdachte, hatte ich etwas Vergleichbares nur empfunden, wenn ich mit Mum kochte. War das nur so, weil ich das mit meiner Mutter tat und ihre Freude dabei sah oder weil mir das Kochen tatsächlich Spaß machte? Ich wusste es nicht. Aber Shawns Aussage klang schlüssig. Außerdem strahlten seine Augen dabei, so wie ich sie selten vorher gesehen hatte. Auch diesen Anblick mochte ich viel zu sehr.

»Macht es dich immer noch glücklich?«, fragte ich. Er wich meinem Blick aus und sah nach unten auf seinen Teller. »Dein Dad würde es doch sicherlich verstehen, wenn du irgendwann nicht mehr kämpfst. Du könntest etwas anderes machen, wie Rob zum Beispiel oder Sam.«

Er zögerte kurz, dann sah er mich wieder an. Sein Blick fiel auf mein Handgelenk, das ich gerade schlecht verstecken konnte, weil meine Hände den fetten Burger umfasst hielten.

»Und du? Wann erzählst du mir, was es damit auf sich hat?«

Er hatte mir nun viel von sich offenbart, zumindest mehr, als ich vorher über ihn wusste. Er war nett gewesen, tatsächlich aufmerksam und hatte sich seine blöden Sprüche verkniffen. Könnte er mir helfen, Gini zu finden? Was würde er dazu sagen, wenn er herauskriegen würde, dass ich ihn nur benutzt hatte? Wahrscheinlich würde es ihn noch nicht mal stören, aber wollte er dann eine Gegenleistung, wenn er mir half? Auch wenn er mir ein klitzekleines bisschen näher war, ich konnte ihn weiterhin nicht einschätzen.

»Der Burger ist wirklich gut«, erwiderte ich und schmatzte laut, während ich den nächsten Bissen verschlang. Glücklicherweise verstand er und hakte nicht nach.

»Was ist das eigentlich zwischen dir und Sam?«, fragte er, und seine Züge wurden wieder ein wenig härter. War er eifersüchtig? War er das auch bei dem Typen in dem Club und heute beim Training gewesen? Irgendwie gefiel mir der Gedanke.

»Geht dich das etwas an?«, fragte ich herausfordernd und sah ihm an, dass ihm diese Antwort gar nicht zusagte. Aber ich wollte ihn nicht unnötig quälen. Ich aß den Burger auf, putzte meine Finger an der Serviette ab und ließ die Arme neben den leeren Teller sinken. »Überhaupt nichts! Er war nett zu mir, als du dich wie ein Arschloch benommen hast. Nichts weiter …«

Shawn griff über den Tisch und legte seine Hand warm auf meinen Unterarm. Die Stelle, die er berührte, begann zu prickeln.

»Ja, das tut mir zum Beispiel leid.«

Wow, er konnte sich tatsächlich entschuldigen.

»Ist schon okay.«

Als er seine Finger löste, spürte ich immer noch die Berührung auf meiner Haut und taxierte die Stelle, die förmlich glühte. Auch wenn ich gehofft hatte, dass er sich weniger überheblich benahm, konnte ich mit dieser plötzlichen Gemütsänderung und damit, wie er mich bedauernd musterte, kaum umgehen. Vor lauter Verlegenheit fing ich an, räuspernd alte Highschool-Geschichten auszugraben. Nur damit sein Blick ein anderer wurde. Wie jetzt gerade, interessiert und fast fröhlich.

»Hunter und ich waren schon in der Highschool unzertrennlich. Mit ihm hab ich sogar meine erste Zigarette geraucht.«

Shawn zog belustigt eine Augenbraue nach oben und grinste mich an. »Du hast geraucht und deine weiße Weste befleckt? Ich bin schockiert, Miss Brooks.«

»Wer sagt, dass ich eine weiße Weste habe? Ich würde eher sagen, sie ist grau.«

»Gefällt mir …« Sein Ausdruck löste schon wieder ein heftiges Flattern in meiner Magengegend aus, mit dem ich einfach nicht umgehen konnte.

»Harry Rivers hat uns beim Rauchen hinter dem Sportplatz erwischt und uns an unseren Lehrer verpfiffen.« Ich verdrehte die Augen, und Shawn lehnte sich noch ein Stückchen näher zu mir rüber. Seine Mundwinkel zuckten belustigt.

»Und dann?«

Ich senkte kurz den Blick, als ich daran dachte, was zu Hause los gewesen war, als mein Vater es erfahren hatte. Wieso hatte ich ausgerechnet diese Geschichte erzählen müssen, denn es war eine furchtbare Erinnerung. »… habe ich nie wieder eine Zigarette angefasst«, schloss ich leise meine Erzählung. »Aber du hast bestimmt auch haufenweise Mist gebaut. Der große, beliebte Sportler, dem alle zu Füßen gelegen haben.«

Unsere Teller waren mittlerweile beide leer, und er putzte sich die Finger an seiner Serviette ab, während er mich weiterhin im Blick behielt.

»Ganz schönes Klischee«, erwiderte er.

»War es nicht so?«

»Doch.« Ich lachte nach seiner klaren Aussage. »Und du warst die Kleine mit der Brille, die mich aus der Ferne angehimmelt hätte«, witzelte er, aber seine Stimme wurde immer rauer. Meine Güte, sein Grübchen war zum Anbeißen.

»Falsch. Ich war die Kleine mit der Brille, die ihre sauberen Finger von solchen Kerlen ferngehalten hat.« Weil ich schon früher wusste, dass sie mich irgendwann ins Verderben führen würden.

»So sauber waren sie auch nicht. Du schlimmes Mädchen hast schließlich geraucht! Das sind mir die Liebsten. Äußerlich brav und eigentlich ziemlich versaut.« Mein Herz wummerte heftiger gegen meinen Brustkorb, und ich presste die Beine unter dem Tisch zusammen. Ich brauchte ganz schnell ein anderes Thema, dass mich von der Vorstellung ablenkte, tatsächlich Shawns Mädchen gewesen zu sein. Oder aktuell zu werden.

»Also, was hast du so angestellt? Raus mit der Sprache!«, neckte ich ihn. Außerdem wollte ich wissen, wie er damals war, ob er wirklich dem üblichen Vorurteil entsprach.

»Boxen war nicht so anerkannt wie Football oder Basketball, aber wir haben trotzdem die ein oder andere Aufmerksamkeit bekommen.« Ein Schmunzeln huschte über seine schönen Lippen, und er sah wieder nachdenklich aus dem Fenster. Die Falte zwischen seinen Augenbrauen wurde tiefer, und sein Körper unruhiger, als er mir erneut in die Augen sah. »Natürlich haben meine Brüder und ich uns ab und zu auf Partys geschlichen, aber neben dem harten Training mit meinem Dad blieb ehrlich gesagt kaum Zeit für viele Freunde. Wir hatten uns, das war okay.«

Plötzlich erfüllte eine erdrückende Traurigkeit meine Brust und eine schmerzende Erkenntnis meinen Kopf. Er meinte das ernst. Er hatte wirklich keine Freunde in der Highschool gehabt, auch wenn er dies gerade versuchte herunterzuspielen. Ich hatte selbst nicht extrem viele gehabt und war nie Teil einer Gruppe gewesen, aber zumindest auf Hunter konnte ich mich immer verlassen. Und auch sonst war ich nicht unbeliebt. Am Anfang meiner Highschoolzeit waren die Ausraster meines Vaters noch im Rahmen gewesen, das hieß, hin und wieder erlaubte ich es mir tatsächlich, auf eine Party zu gehen, wenn ich eingeladen wurde. Aber so wie Shawn das gesagt hatte, ließ durchblicken, dass er schon immer ein Einzelgänger gewesen war. Er wusste überhaupt nicht, was es bedeutete, für einen Freund da zu sein. Aber er war Teil einer Familie. Waren sie glücklich? Hielten sie zusammen, so wie es sich gehörte? Plötzlich konnte ich kaum noch den Wunsch unterdrücken, ihn einfach in den Arm zu nehmen. Seinen riesigen, kräftigen Körper an mich zu drücken und festzuhalten.

Shawn räusperte sich, kramte einige Geldscheine aus seiner Hosentasche und legte sie auf den Tisch.

»Wir sollten gehen, wir müssen morgen schließlich früh raus.« Er versuchte, seine Aussage locker rüberzubringen, aber es gelang ihm nicht komplett. Ich merkte ihm an, dass er weiterhin über die Erzählung nachdachte.

Auf dem Heimweg redeten wir nur über Belangloses, Witziges und Interessantes. Sein Charakter hatte tatsächlich mehr positive Facetten, als man vom ersten Eindruck annahm. Aber auch deutlich mehr, als er sich selbst zugestand, wie ich feststellen musste. Dass seine Sprücheklopferei und sein hartes

Auftreten Fassade waren, war mir schon recht früh klar gewesen.

Nun standen wir vor meiner Zimmertür voreinander an den Türrahmen gelehnt und sahen uns an.

»Soll ich wirklich nicht reinkommen? Ich bin mir sicher, dass noch keiner unter deinem Bett nach Monstern geschaut hat!«

Ich lachte, wie ziemlich oft am heutigen Abend.

»Ganz sicher. Gute Nacht, Shawn.«

Er seufzte theatralisch. »Na gut, aber sag nicht, ich hätte dich nicht gewarnt! Schlaf gut, Bambi!« Nach einem letzten Zwinkern drehte er sich um und ging tatsächlich brav auf sein Zimmer. Ich konnte es nicht fassen, wie sich der Tag entwickelt hatte, nachdem er so beschissen begonnen hatte. Und die Sehnsucht, ihn an mich zu ziehen und ihm Halt zu geben, verstärkte sich, je weiter er von mir weg war.

Kapitel 16

Nachdem ich aufgewacht war, flackerten meine Gedanken wie automatisch zu Lauren. Sie hatte es geschafft, mich gestern davon abzulenken, hier in Atlanta zu versumpfen. Ich spürte meinen Hass auf die Stadt, schon seit ich den Fuß vom Flugzeug auf den verdammten Boden gesetzt hatte.

Nur bei Lauren hatte ich das Gefühl, wieder frei atmen zu können, auch wenn mich zwischenzeitlich ihre Fragerei nach meiner Familie ein wenig aus der Reihe gebracht hatte. Trotzdem hatte ich ihre Anwesenheit genossen und gespürt, dass sie mich ernsthaft kennenlernen wollte. Sie war wahnsinnig schön, witzig und absolut locker. Und ging mir einfach nicht mehr aus dem Kopf. Ich musste zum ersten Mal in meinem Leben zugeben, dass ich mehr wollte als nur kämpfen. Der Sport gehörte zu meinem Leben dazu, war fest mit meinem Charakter verwachsen, aber vielleicht gab es ja nebenbei noch etwas anderes? Etwas, das ich vorher noch nie in Betracht gezogen hatte?

Ich wollte Lauren sehen, also stand ich auf und zog mich an. Scheiß drauf, dass ich dafür meine übliche morgendliche Joggingrunde versäumte. Ich hatte sowieso genug Kondition.

Bevor ich mein Zimmer verlassen konnte, klingelte das Festnetztelefon, das auf einem Nachttisch stand. Ich ging hinüber und hob ab. »Hallo?«, meldete ich mich.

»Mister Dawson? Ein Ortsgespräch für Sie. Ich verbinde!«, sagte eine Frau, und ich setzte mich auf den Bettrand.

Es knackte einige Male, dann hörte ich leises Atmen.

»Hallo?«, fragte ich erneut, und jemand am anderen Ende holte tief Luft.

»Shawn?« Ich spannte automatisch alle Muskeln an und massierte mir mit Zeigefinger und Daumen die Nasenwurzel.

»Dad«, sagte ich tonlos.

»Was denkst du dir dabei?«

Ich atmete bewusst ein und aus. »Wobei?«, knurrte ich, denn ich verstand nicht, weshalb sich mein Vater nach fast fünf Jahren Funkstille einfach so meldete. Was nahm er sich heraus, mich jetzt anzurufen und so zu tun, als hätte ich sie erneut enttäuscht? Ich hatte mich von ihnen ferngehalten! Aus gutem Grund!

»Ich habe gehört, dass du in der Stadt bist. War ja klar, dass du dir das protzigste Hotel aussuchst! Bescheidenheit war noch nie deine Stärke!«

»Da sind wir uns wahrscheinlich ähnlicher, als du denkst«, sagte ich verächtlich und erinnerte mich an unser Haus. »Was willst du?«

»Was ich will? Meinst du, es reicht, deiner Mutter einmal im Jahr Blumen zu schicken? Kannst du dir vorstellen, welche Hölle sie jedes Mal danach durchmacht? Jedes verdammte Jahr!«, schrie er, und meine Hände ballten sich zu Fäusten. »Es wäre besser, du meldest dich überhaupt nicht, anstatt so!«

»Danke für diesen weisen Ratschlag. Ich werde ihn gerne beherzigen!« Damit knallte ich den Hörer auf und sah starr geradeaus. Dabei hatte der Tag gar nicht so schlecht angefangen. Fluchend fegte ich das Telefon vom Nachttisch, das mit einem lauten Knall auf dem Boden aufkam. Was dachte er sich? Ich hatte die Blumen schließlich nicht geschickt, um ihn zu provozieren! Er war der Letzte, mit dem ich nach unserem großen Streit noch Kontakt haben wollte. Aber meine Mum, die teilnahmslos danebengestanden hatte, einfach zu vergessen … Das konnte ich nicht. Ihr trauriger Blick kam zurück in mein Gedächtnis, genauso wie pochende Kopfschmerzen hinter meinen Schläfen. Ich musste mich ablenken. Das ging entweder mit Training oder mit … Seufzend erhob ich mich und lief wie geplant zum Frühstücksraum. Ich würde das Telefonat verdrängen. Es sollte mich nicht jucken, was mein Vater von mir hielt. Nicht mehr! Rauf mit der Maske.

»Guten Morgen!« Falsch grinsend ließ ich mich auf den freien Stuhl neben Lauren fallen, und Sam, Rob und sie starrten mich mit offenem Mund an.

»Shawn?«, fragte Sam verwundert. »Träume ich etwa noch oder was verschafft uns die Ehre?«

Ich sah schmunzelnd zu Lauren, und Sams Blick drückte auf einmal aus, dass er verstand.

»Meine Güte, darf ich nicht mit meinem Team zu Frühstück essen?«

»Klar doch!«, erwiderte Sam, und Rob, der mir gegenübersaß, hielt mir eine Schüssel Rührei unter die Nase.

»Hast du gut geschlafen?«, fragte ich Lauren mit gedämpfter Stimme, und sie nickte lächelnd. Meine Schulter berührte ihre. Ich hätte etwas wegrücken können, wollte es aber nicht.

»Keine Monster unter dem Bett«, sagte sie und wandte sich ihrem Essen zu. Ihre Mundwinkel zuckten belustigt, und am liebsten hätte ich ihre schönen Lippen mit dem Finger nachgefahren. Oder mit der Zunge.

»Entschuldigung? Bist du nicht Rage Dawson?«, hörte ich eine piepsige Frauenstimme neben mir und sah nach links. Eine schlanke Brünette stand vor unserem Tisch und klimperte mich offen an. Natürlich waren wir Kämpfer nicht so beliebt wie beispielsweise Rockstars. Aber dadurch, dass der Sport immer bekannter wurde und ich die ein oder anderen Werbeverträge hatte, wurde ich immer mal wieder angesprochen. Außerdem hingen unsere Gesichter auf Werbeplakaten überall in den Städten, in denen wir einen Kampf hatten.

»Klar, Süße, was kann ich für dich tun?«, fragte ich und zwinkerte ihr zu. Die Nähe zu Fans war eben wichtig. Es war eine Rolle, die ich mittlerweile, ohne nachzudenken, spielen konnte.

»Würdest du mir das unterschreiben?« Anzüglich lächelnd schob sie mir auf dem Tisch einen Zettel zu, auf dem sehr eindeutig ihre Nummer und der Name Mary notiert waren. Ich bekam haufenweise von den Dingern, vor allem bei Partys, aber zurückgerufen, hatte ich noch keine von ihnen.

»Vielleicht sollte ich besser einen anderen Zettel nehmen, der ist schon voll.«

Sie beugte sich zu mir herunter, hielt mir ihren üppigen Ausschnitt entgegen und reichte mir einen Stift. »Du kannst hier unterschreiben.«

Ich hörte ein lautes, schabendes Geräusch neben mir.

»Ich geh mich auf meinem Zimmer umziehen. Bis gleich.« Lauren stürzte hinter mir vorbei und aus dem Frühstücksraum. Was war denn jetzt schon wieder los? Ich nahm den Stift, unterschrieb, wie es mein Fan wünschte, auf dem Ansatz ihrer linken Brust und schob den Zettel mit ihrer Nummer in die Hosentasche. Ich hatte auch diesmal nicht vor, sie anzurufen, konnte ihn aber nicht so offen hier liegen lassen.

»Danke«, sagte sie und verließ den Tisch. Als ich mich wieder meinem Frühstück widmen wollte, sahen mich Sam und Rob stinkig an.

»Was denn?«, fragte ich und verstand dieses ganze Getue nicht. »Sie war nur ein Fan! Herrgott, es ist ja nicht so, als hätte ich sie auf dem Frühstückstisch geknallt!«

Sam schnaubte. »Du bist echt unglaublich dämlich …« Er und Rob standen auf und ließen mich allein sitzen. Idioten.

»Hey, Sam!« Er drehte sich zu mir um. »Kommst du irgendwie an Immatrikulationsunterlagen?«

Sam sah mich fragend an. »Willst du doch studieren, oder was? Dachte, der Zug wäre lange abgefahren!«

»Nicht für mich.«

»Puh, keine Ahnung.«

»Komm, lass ein paar Kontakte spielen! Vielleicht kannst du mal prüfen, ob es einen freien Medizin-Studienplatz in Louisiana gibt … oder beispielsweise New York …«

Sam zog misstrauisch eine Augenbraue nach oben. »Ich glaube nicht, dass das so einfach ist.«

»Dann lass die Kontakte deiner Kontakte spielen. Versuch es einfach, okay?«

»Okay.«

Na also, ging doch. Auch wenn er mich fragend ansah und auf Antworten hoffte, widmete ich mich meinem Frühstück. Ich konnte mir nicht vorstellen, dass Lauren das Studium tatsächlich freiwillig abgebrochen hatte. Außerdem wollte ich absolut egoistisch ihre Augen sehen, wenn ich ihr eine Freude bereitete. Wer war hier jetzt der Idiot?

***

Während Sam im Hotel geblieben war, um einige Telefonate zu führen und E-Mails zu beantworten, waren Rob, Lauren und ich in das Trainingscenter gefahren. Lauren hatte mal wieder kein Wort mit mir gewechselt und das, obwohl ich dachte, nach gestern wäre alles in Ordnung mit uns gewesen. Wahrscheinlich hatte ich mich getäuscht.

Ich versuchte, meinen Frust über ihre beschissenen Launen, beim Training rauszulassen. Rob hatte mir einen Sparringspartner besorgt, mit dem ich nun seit zehn Minuten im Ring stand.

Lauren saß am Rand und las mit einer dicken Brille auf der Nase in einem Buch. Sie war völlig vertieft, und einige Male, wenn ich einen Blick auf sie erhaschte, zog sie die Nase gedankenverloren kraus oder lächelte ein klein wenig. Verdammt, ich ließ mich viel zu sehr von ihrer Anwesenheit ablenken.

»Hey, Shawn! Du bist es doch, oder?« Ich hielt inne und bedeutete den anderen, dass ich kurz Pause machen wollte. Rob nickte, und ich wandte mich an den rufenden Mann hinter mir.

»Shawn, Junge! Du bist es tatsächlich!«

»Mister Harris!«, sagte ich überrascht und sprang aus dem Ring. Er klopfte mir freundschaftlich auf die

Schulter. Seit ich ihn das letzte Mal gesehen hatte, waren seine braunen Haare grau geworden, genau wie seine buschigen Augenbrauen. Trotzdem machte der Hausmeister meines Vaters immer noch einen fitten Eindruck.

»Wie geht es dir? Ich habe schon das Gerücht gehört, dass du für einen Kampf in der Stadt bist. Hast du deine Eltern schon besucht?«

Ich schüttelte den Kopf. Ich wusste nicht, wie viel Mister Harris von unserer Geschichte kannte, aber eigentlich hätte er wissen müssen, dass ich keinen Kontakt mehr zu ihnen hatte.

»Wie geht es Ihnen und Ihrer Frau?« Mein Dad hatte vor der Geburt meiner Brüder und mir sein Trainingscenter aufgebaut. Dort hatten wir trainiert und unsere gesamte Kindheit und Jugend verbracht. Eigentlich unser halbes Leben. Ich erinnerte mich an Mrs. Harris. Als wir Kinder waren, hatte sie uns zweimal in der Woche etwas Süßes zum Training gebracht. Auch wenn mein Vater das missbilligte, konnte er nichts gegen sie sagen, und wir drei genossen die kleine Pause, die uns dadurch gegeben wurde.

»Uns geht es gut. Ich bin mir sicher, Agatha würde sich freuen, dich mal wiederzusehen!«

»Ich mich auch! Arbeiten Sie hier etwa?« Ich ließ den Blick über seine blaue Arbeitsjacke gleiten.

Er nickte und stützte eine Hand in die Hüfte. »Ja, seit das mit dem Trainingscenter von deinem Dad war, musste ich mir wohl oder übel eine neue Stelle suchen«, sagte er traurig. »Ich mochte es, für deinen Vater zu arbeiten.«

»Was ist denn damit?« Meine Handflächen wurden feucht.

»Du weißt es nicht? Oh, Junge, es gab vor drei Jahren ein Feuer. Brandstiftung … Es ist komplett abgebrannt.«

»Was?« Der Schock hallte in meinem Inneren nach. Das Center war Dads Ein und Alles gewesen, und auch ich verband damit viel. Wer könnte so etwas Schreckliches tun? Und wieso? Auch wenn ich immer noch sauer auf meinen Vater war, bedauerte ich das zutiefst.

»Hat er es nicht mehr aufgebaut?«

Mister Harris schüttelte den Kopf. »Ich glaube, er ist müde, mein Junge.«

Er tätschelte mir wieder die Schulter. »Es war schön, dich zu sehen. Wenn du hier nun trainierst, treffen wir uns bestimmt öfter. Ich muss zurück an die Arbeit, bis bald!«

Ich konnte nur noch nicken. Wut wallte in mir auf, wenn ich daran dachte, dass der Lebensinhalt, für den Dad sogar seine eigene Familie vernachlässigt hatte, tatsächlich fort war. Brandstiftung! Als würde uns jemand verhöhnen und uns damit sagen wollen, dass alles, was wir dafür aufgegeben hatten, umsonst gewesen war. Doch es gab schon lange keine Familie mehr. Und das würde es auch nie wieder, schon gar nicht nach dem Telefonat heute Morgen. Dad hatte sich nicht geändert, er verachtete mich immer noch für das, was ich getan hatte. Aber ich tat es ja selbst, wieso sollte es bei ihm anders sein?

»Rage!« Robs Rufe hinter mir ließen mich zusammenzucken, und ich stieg abwesend zurück in den Ring. Meine Gedanken kreisten rastlos umher. Es war tatsächlich einfach weg? Alles löste sich früher oder später in Luft auf. Egal, was es war. Nichts hielt ewig, und alles war vergänglich.

Mein Sparringspartner lief auf mich zu, um den Kampf aufzunehmen. Mein Blick fokussierte sich auf ihn. Seine Arme, seine Beine, sein Gesicht. Ich wandelte den Schock, der mich heute das zweite Mal getroffen hatte, um in direkte Energie. So wie ich mit jedem Schmerz fertig wurde. Genau genommen kannte ich überhaupt keinen anderen Weg als diesen. So war es schon immer gewesen. Ich nutzte den körperlichen Schmerz, um den seelischen zu vergessen. Und Vergessen war das, was ich brauchte, um nicht erneut zu zerbrechen.

Ich stürmte auf ihn zu und gab mich ganz dem Gefühl hin.

Kapitel 17

Lauren

Limp Bizkit
Behind Blue Eyes

Etwas an Shawns Körperhaltung, der Art, wie er jeden seiner Muskeln anspannte, war nicht in Ordnung. Nachdem er mit dem alten Mann gesprochen hatte, machte er den Eindruck, völlig weg zu sein. Wie in einer anderen Welt. Seine Miene wirkte verhärtet, genauso wie all die mächtigen Muskeln an seinem Körper. Jeder einzelne davon. Er stieg in den Ring, und als der Kampf begann, war daran nichts Strukturiertes mehr. Es sah auch für mich als Laie nicht so aus, als wäre dies ein Trainingskampf, der nur dazu diente, seine Technik zu verbessern. Shawn wollte seinen Gegner eliminieren. Vollständig.

Er stürmte auf sein Gegenüber zu, und seine Fäuste krachten einige Male in das Gesicht seines Sparringpartners. Keuchend taumelte der zurück, weil er wohl mit der Intensität nicht gerechnet hatte. Doch Shawn machte weiter. Er kämpfte mit einer

Mischung aus Kicks und Punches, bis Rob nur noch wütend schrie. Trotzdem hörte er nicht auf. Mit klopfendem Herzen erhob ich mich und beobachtete das Schauspiel vor mir. Er war wie ein wild gewordenes Tier, nicht zu bändigen und absolut außer Kontrolle.

Da war er wieder. Der böse Shawn, den keiner aufhalten konnte. Sein zweites Gesicht.

Eine unwohle Gänsehaut verteilte sich über meine Haut, und ich ging fassungslos einen Schritt auf den Ring zu. Rob sprang hinein und versuchte, Shawn von seinem wehrlosen Gegner zu zerren, der nunmehr auf dem Boden lag. Ich musste etwas tun, irgendwas! Shawn nahm nicht einmal wahr, dass Rob an ihm zerrte wie ein Besessener.

»Shawn!«, krähte ich heiser, viel zu leise, aber er änderte die Geschwindigkeit und Intensität seiner Bewegungen nicht. Großer Gott, er würde ihn umbringen, wenn er so weitermachte. Mittlerweile waren noch zwei andere hinzugekommen und halfen Rob, den durchgedrehten Shawn zurückzuziehen.

»Shawn!«, schrie ich diesmal und blieb direkt vor dem Ring stehen. Mit leeren Augen sah er zu mir, und ich erschrak vor dem geistlosen Ausdruck darin. Er war wirklich weg, meilenweit. Seine sonst hellblauen Iriden wirkten fast schwarz.

Er befreite sich von Rob und dem anderen Kerl und sprang schnaubend aus dem Ring. Ich rannte ihm in Richtung Umkleidekabine hinterher. Was war mit ihm los? Scheiße, was hatte der alte Mann zu ihm gesagt? Ich musste es wissen! Es musste ihm doch irgendjemand helfen!

»Shawn! Bleib stehen, was ist denn?«, rief ich und erwischte seine Schulter. Auch wenn er mich heute Morgen beim Frühstück mit seiner ignoranten Art erneut rasend gemacht hatte, wollte ich ihn nicht allein lassen. Nicht jetzt! Jeder Idiot sah ihm an, dass er Hilfe brauchte. Ruckartig blieb er stehen und drehte sich um. Seine Brust hob und senkte sich schnell, sein Gesicht war vollständig verschwitzt und seine Gesichtszüge hart wie Stein. Ich hatte ihn aggressiv erlebt, wütend, aber noch niemals so. Vielleicht war das doch der wahre Shawn. Rage. Es war wie bei Dr. Jekyll und Mr. Hyde.

»Was ist mit dir?«, fragte ich leise, und er trat noch einen weiteren Schritt auf mich zu. Ich unterdrückte meinen Fluchtinstinkt, dabei hätte ich besser abhauen sollen.

»Tu nicht so, als ob es dich wirklich interessiert, wer ich bin, denn das willst du garantiert nicht wissen«, knurrte er. Mein Herz raste in meiner Brust. »Ich bin kein guter Mensch oder ein netter Kerl! Kümmer dich verdammt noch mal um deinen eigenen Scheiß, und lass mich in Ruhe!« Er nickte zu meinem Handgelenk, das ich gleich mit der anderen Hand verdeckte. »Du hast wohl genug Probleme, die ich nicht auch noch gebrauchen kann!«

»Beruhige dich!«, sagte ich streng, aber es kratzte ihn kein kleines Stück, dass ich mich wahnsinnig unwohl in seiner Gegenwart fühlte. Im Gegenteil, es kam mir vor, als suhlte er sich in meiner Angst. Er trat so nahe an mich heran, dass sich unsere Oberkörper berührten und ich seinen Atem auf meinem Gesicht spürte. »Ist es deine persönliche Mission, den armen, traurigen Bad Boy zu retten? Sorry, Süße, das haben schon andere versucht und nicht geschafft. Viele vor dir!«

Ich schluckte vor seinem abweisenden Blick, der mich fast erdolchte, und seinen gehässigen Worten. Viele vor mir. Ich war nur eine von vielen, das war mir doch schon längst klar gewesen.

»Denkst du, du bist etwas Besonderes? Ich dachte, du wärst eine nette Abwechslung, dabei nervst du mich seit dem ersten Moment. Du bist wie alle anderen auch! Verschwinde! Lass. Mich. In. Ruhe.«

Durch meine Brust fuhr nach seinen harten Worten ein Stich, denn er schien sie tatsächlich so zu meinen. So sah er mich also. Er wollte mich nur ins Bett bekommen. Und vor allem wollte er mir jetzt gerade bewusst wehtun. Er machte mir Angst, und das schien ihn nicht im Geringsten zu stören. Meine Hand zuckte, aber hätte ich ihn ein zweites Mal geschlagen, hätte ich nicht gewusst, wie ich mit den Konsequenzen umgehen sollte. Er drehte sich ruckartig um und stürmte in die Umkleidekabinen. Geschockt und wie versteinert stand ich einige Sekunden da und versuchte, das eben Erlebte zu verdauen. Selbst wenn in diesem Mann ein kleiner Funken Liebe war – alles andere, der Zorn und die Wut, würden diesen immer wieder überschatten. Er hatte keine Chance, glücklich zu werden, und ich schon gar nicht mit ihm. Hatte ich es mir nach gestern Abend nur einreden wollen, dass mehr in ihm war? Wie konnte ich nach seinem Auftreten bei der Party, mit haufenweise Wodka und fremden Frauen, überhaupt an so etwas denken? Oder nach heute Morgen am Frühstückstisch mit dieser billigen Tussi? Er zerstörte sich selbst! Wahrscheinlich sogar wissentlich! Aber in einem hatte er recht: Ich würde mir diese Bürde nicht aufladen, denn ich hatte wirklich genug eigene Probleme!

Ich lief zurück an meinen Platz, stopfte das Buch und meine Brille in die Handtasche und stürmte Richtung Ausgang.

»Lauren! Alles okay?« Rob hielt mich an der Schulter fest, und ich nickte stumm. Ich wollte mir nicht die Blöße geben, vor allen hier drinnen zu heulen wie ein kleines Mädchen. Rob merkte meinen Kampf, ließ mich los, und ich rannte nach draußen. Erinnerungen blitzten in meinem Kopf auf, die ich bisher ziemlich gut hatte verdrängen können. Doch Shawns aggressives Auftreten mir gegenüber hatte alles wieder heraufbeschworen.

Ich sah, wie meine Mutter keuchend zu Boden ging. Mein Vater übermächtig über ihr stand. Blut in ihrem Gesicht. Gini, die sich eng an mich presste und vor Angst am ganzen Körper zitterte, ihre leisen Schluchzer. Es hatte genauso angefangen. Zuerst war mein Vater nur laut, irgendwann schlug er zu. Danach immer wieder.

Nun traten die Tränen doch hervor und liefen mir erbarmungslos die Wangen hinunter. Ich sank draußen gegen die Hauswand und drückte meine Tasche fest an die Brust. Ich hatte noch nie offen um das Schicksal meiner Mutter geweint, aber nun brach alles aus mir heraus. Das Einzige, das mich damals davon abgehalten hatte, jedes Mal zusammenzubrechen, wenn mein Vater erneut ausgerastet war, war Gini. Nur ihretwegen war ich morgens besonders früh aufgestanden, hatte uns Schulbrote vorbereitet, damit meine Mum weiterschlafen konnte, und war mit Gini zur Schule gegangen. Als wären wir eine normale Familie. Und keiner hatte je geahnt, wie es hinter der Fassade aussah.

Gini. Ich würde es nicht ertragen, wenn sie mit Darren Malone das Gleiche durchmachte wie meine Mutter. Ich musste sie finden, durfte keine Zeit mehr verschwenden!

»Lauren?« Unter Tränenschleiern sah ich hoch in Sams Gesicht, der mich mitleidig ansah. Er war wirklich in der kurzen Zeit so etwas wie ein Freund geworden. Der einzige, den ich hier hatte. Also ließ ich es zu, dass er mich an den Schultern hochzog und an sich presste. Er strich mir beruhigend über den Rücken.

»Ich hab dich ins offene Messer laufen lassen. Es tut mir leid«, flüsterte er an meinem Ohr, während stumm weitere Tränen über mein Gesicht liefen und Sams Hemd durchtränkten. »Ich dachte, bei dir hätte er sich besser unter Kontrolle. So, wie er dich ansieht … hat mir Hoffnung gemacht.«

»Ich fliege nach Hause.« Ich bekam die Worte nur mit Mühe über die Lippen.

Sam drückte mich ein Stück von sich weg und sah mich an. »Ich kann das verstehen. Wirklich. Aber nicht mehr heute. Schlaf dich im Hotel aus, und wir reden morgen noch mal, okay?«

Ich nickte wortlos.

»Ich würde dich fahren, aber ich glaube, ich muss zuerst Shawn vermöbeln«, sagte er ehrlich.

Ich lachte freudlos. »Ich dachte, du wärst ein schlechter Kämpfer? Lass das lieber …«

Sam erwiderte mein halbherziges Lächeln. »Wahrscheinlich hast du recht. Trotzdem hat er eine Abreibung verdient. Geht's wieder?« Er ließ mich behutsam los, und ich stand wacklig vor ihm.

»Ja. Danke.«

Sam hielt mir eine dicke Mappe hin, die mir vorher überhaupt nicht in seinen Händen aufgefallen war. Ich nahm sie entgegen, bis ich erkannte, was es war.

»Er wollte, dass ich sie für dich besorge«, sagte Sam leise. Unterlagen für ein Medizinstudium. Auch wenn der Gedanke dahinter vielleicht nett gemeint war, es machte auch nicht besser, wie er sich verhielt. Stumm steckte ich sie in meine Tasche.

Sam wartete mit mir am Straßenrand, bis ein Taxi kam, und ich setzte mich hinein. Erschöpft sank ich in die weichen Sitze. Eigentlich war es mir von Anfang an klar gewesen, dass so etwas nur schieflaufen konnte. Wie hatte ich mich der Illusion hingeben können, es zu überstehen? Als das Auto anfuhr, warf ich noch einen letzten Blick auf Sam, der wütend in das Trainingscenter stapfte. Auch er und Rob hatten es nicht verdient, wie Shawn sie behandelte. Ich drückte die Hand fest gegen meine Brust, hinter der mein Herz heftig und schmerzhaft schlug. Grässliches Gefühl jemanden retten zu wollen, der nicht mehr zu retten war. Aber ich konnte es einfach nicht abstellen.

Kapitel 18

Shawn

Staind

It's Been Awhile

Mit der Stirn auf die Hände gestützt, saß ich auf der kleinen Holzbank in der Umkleidekabine und ließ mich von Rob bequatschen. Der Schleier, der sich über mich gelegt hatte wie eine bedrückende Decke, war gelichtet. Nun hatte ich das gesamte Ausmaß meiner Zerstörungswut klar vor Augen. Und damit meinte ich nicht nur den demolierten Raum um uns herum. Scheiße, ich hatte Lauren nicht so anfahren wollen, aber eine andere Reaktion war mir in dem Moment nicht möglich gewesen. Im gleichen Moment, als die Worte meinen Mund verließen, hatte ich sie schon bereut. Ich war furchtbar gut darin, alles in meinem Leben zu zerstören, das mir etwas bedeutete. Tommy. Meine Eltern. Und nun auch Lauren.

Ich hatte nicht verdient, dass mir überhaupt noch jemand half. Glücklicherweise hatte der Kerl, der meinen Ärger abbekommen hatte, keine ernsthaften

Verletzungen davongetragen. Nachdem ich mich erkundigt hatte, ob es ihm gut ging, hatte er nur gesagt, das käme eben davon, wenn man sich freiwillig mit einem Dawson einließ. Wahrscheinlich würde ich nie wieder einen Sparringpartner finden, aber das war gerade mein kleinstes Problem. Immer wieder traten Laurens vor Angst geweitete Augen in mein Gedächtnis. Auch wenn ich mir zu zweihundert Prozent sicher war, dass ich unter keinen Umständen Hand an sie legen würde, hatte sie mich so angesehen, als hätte ich es bereits getan. Die tiefe Wunde in meinem Herzen, die seit sechs Jahren schmerzte, wurde gerade erneut aufgerissen. Und sie würde niemals verheilen. Schon gar nicht, nachdem mich Lauren als das gesehen hatte, was ich war. Und sie war vor diesem Teil in mir davongelaufen. Verdenken konnte ich ihr das nicht. Ich würde gerne selbst davonrennen, wenn ich nur könnte. Die Wut nahm immer wieder Besitz von mir, und ich hatte überhaupt keine Möglichkeit, etwas dagegen zu tun.

Rob stoppte mit seiner anklagenden Rede, die wie eine Hintergrundmelodie an mir vorbeigerauscht war, und ich hob zögernd den Blick. Sam stand mit verschränkten Armen vor mir und fixierte mich wütend. Scheißwütend!

»Wenigstens siehst du ziemlich beschissen aus. Am liebsten würde ich dir die Fresse polieren, bis du merkst, was für ein Vollidiot du bist!« Harte Worte aus Sams Mund, die ich so direkt nicht gewohnt war.

Er sagte mir zwar immer, was er dachte, aber nie so ausfallend.

»Wie geht es Lauren?«, fragte ich leise.

Sam schüttelte den Kopf. »Sie hat genug von deinem Verhalten und ich so langsam auch. Sie geht.«

Ich stützte die Ellenbogen auf den Oberschenkeln ab und sah zu Boden. Sie ging. Das war die logische Schlussfolgerung, und es war besser für sie. Wenn auch nicht für mich, denn alles zog sich, bei dem Gedanken daran, in mir zusammen.

»Der Kampf gegen Sawyer ist in knapp zwei Wochen. Wenn du dich bis dahin nicht unter Kontrolle kriegst, bin ich ebenfalls weg. Egal, was einmal war«, sagte Sam bitter.

»Ich muss Sam recht geben. Rage, das geht so nicht weiter«, stimmte nun Rob mit ein. »Du musst etwas ändern. Du zerstörst dich zielgerichtet selbst! Willst du das?«

»Es ist zumindest das, was ich verdient habe«, murmelte ich.

»Diese ganze Mitleidsnummer muss ein Ende haben und geht mir mittlerweile tierisch auf den Sack!«, donnerte Sam. »Shawn, es ist schlimm, was passiert ist, aber es ist nun sechs Jahre her! Glaubst du nicht, langsam wird es Zeit, damit abzuschließen?«, sagte er nun sanfter und setzte sich neben mich.

Ich sah ihn an. »Mein Dad hat heute Morgen angerufen. Und ich habe gerade erfahren, dass sein Studio abgebrannt ist.«

Sam legte seine Hand auf meinen Rücken. Die Geste war beruhigend, genauso wie sein Mitgefühl. »Scheiße …«

»Ja.«

»Egal was du dir selbst einredest, du kannst das alles nicht ändern! Auch nicht, wenn du ausrastest und irgendwelchen Leuten die Fresse polierst. Es ist passiert.«

»Das Datum rückt näher …«

»Wissen wir …«, erwiderte Sam tonlos. Betretenes Schweigen herrschte zwischen uns und drückte mich förmlich nieder. »Komisch, dass man immer die Menschen, die man liebt, am schlechtesten behandelt«, sagte Sam, und ich sah auf. Irgendwie hatte er recht, und das machte es doppelt so schlimm.

»Ist Lauren noch im Hotel?«

Sam zuckte mit den Schultern. »Vermutlich. Sie fliegt sicherlich erst morgen. Sie war völlig aufgelöst.«

Scheiße. Ich stand auf und sah die beiden Menschen an, die mir immer wieder aus der Patsche halfen. Keine Ahnung, wieso ich das verdient hatte. »Ich laufe zurück ins Hotel.«

Rob und Sam nickten, und ich wandte mich ab. Die Stunde an der frischen Luft würde meinen Kopf klarer machen, und vielleicht fiel mir dann sogar eine

Möglichkeit ein, Lauren zurückzugewinnen. Bevor ich durch die Tür trat, sah ich beide noch einmal an.

»Danke«, sagte ich, mit dem Wissen, dass dieses eine Wörtchen niemals meine wahren Gefühle gegenüber den beiden ausdrücken könnte. Ich musste mir dringend etwas einfallen lassen, denn ich spürte, dass ich nur noch an dem kleinen Finger über einer Schlucht hing, die mich, ohne zu fragen, verschlucken würde. Für immer.

***

Im Hotel angekommen hämmerte ich einige Male an Laurens Zimmertür, aber sie machte nicht auf. Entweder hatte sie keine Lust, mit mir zu sprechen, was ich absolut verstehen konnte, oder sie war nicht mehr da. Seufzend legte ich die Stirn und meine flachen Hände an das kalte Türblatt. Vielleicht musste sie sich ebenfalls abreagieren und war schwimmen gegangen? Ich konnte mir nicht vorstellen, dass sie wirklich schon zum Flughafen gefahren war oder allein irgendwo in der Stadt herumirrte.

Mit einem Hauch Zuversicht fuhr ich in das obere Stockwerk. Auch in diesem Hotel war der Wellnessbereich, wie so häufig, ganz oben. Da es mitten am Tag war, war hier nichts los. Ich sah sie schon von Weitem durch die Glastüren und atmete erleichtert aus. Ich zögerte und beobachtete ihren schlanken Körper, wie er anmutig seine Bahnen durch das große Becken zog. Meine Klamotten und Straßenschuhe behielt ich an, kramte das Handy aus der Hosentasche und stellte das einzige Lied an, mit dem ich nur ansatzweise transportieren konnte, wie es mir ging. Vielleicht verstand sie es, denn ich wusste nicht, mit welchen Worten ich mich für das entschuldigen konnte, was ich getan hatte. Musik war meine letzte Möglichkeit, auch wenn es wirklich erbärmlich war.

Als die ersten Klänge von *It's Been Awhile* von *Staind* erklangen, setzte ich mich auf eine Liege und konnte den Blick nicht von ihr lösen. Ihre Bewegungen wurden langsamer, sie hob leicht den Kopf aus dem Wasser und zuckte ein wenig zusammen, als sie mich sah. Ohne ein Wort schwamm sie zum Beckenrand und stemmte sich nach draußen. Beherrscht stand ich auf und sah ihr dabei zu, wie sie sich ein Handtuch von einer Liege schnappte und es um sich wickelte. Ich räusperte mich, weil ich nicht wusste, wie ich anfangen sollte, als sie sich abwandte. Verdammt, ich war so furchtbar schlecht in so was.

»Lauren?« Sie blieb stehen. Ihr Rücken spannte sich an, und ich trat hinter sie. »Es tut mir leid«, wisperte ich. Ich musste sie anfassen und strich sanft ihren Arm hinab. Ihr Körper begann zu zittern. »Es tut mir leid«, sagte ich erneut.

Sie drehte sich aufbrausend um, und ihre Miene war hart. Ich hatte es verdient.

»Sag es nicht zu oft, es nutzt sich ab«, presste sie zornig hervor.

»Bitte bleib«, flüsterte ich, und sie schluckte. »Sei wütend, denn ich hab nichts anderes verdient. Sprich nicht mehr mit mir, ich verdiene deine Worte nicht. Aber bitte bleib …«

Ich sah, dass sie um ihre Beherrschung kämpfte, und umfasste ihre Oberarme, um sie davon abzuhalten, zu gehen.

»Ich hab gelogen, du bist nicht wie alle anderen … und ich kann verdammt noch mal nicht mit diesem Gefühl umgehen.« Der Knoten in meiner Brust zog sich immer weiter zu, je länger ich auf ihre Antwort warten musste. »Ich muss immerzu an dich denken und weiß nicht, weshalb. Es macht mich wahnsinnig, zu wissen, dass ich dich verletzt habe!«

»Du wirst mich nie wieder so behandeln! Ich bin nicht dein Ventil, wenn du deinen Scheiß nicht geregelt bekommst! Nie wieder!« Eine Träne rollte aus ihrem Augenwinkel, und sie strich sie hastig mit dem Handrücken weg. »Wenn du mich noch ein einziges Mal anschreist oder dich sogar traust, mich grob anzufassen, dann schwöre ich dir bei Gott, du wirst es bereuen!«

»Ich würde dir niemals etwas tun«, wisperte ich und konnte es kaum ertragen, mit welchem Schmerz sie mich ansah. Und vor allem, dass ich dafür verantwortlich war. Denn ich hatte ihr schon viel zu viel angetan, wenn auch nicht körperlich. Weitere Tränen verließen unbarmherzig ihre Augen, und etwas in mir brach. Bevor sie mich tatsächlich verlassen konnte, zog ich sie an mich. Mit einer Hand drückte ich sanft ihren Kopf an meine Brust, mit der anderen strich ich beruhigend über ihren Rücken und legte mein Kinn auf ihren Scheitel. Es dauerte einige Atemzüge, dann legte sich ihre Anspannung und sie schlang vorsichtig ihre Arme um meine Hüften. Es tat so gut, sie so zu fühlen, dass ich es nicht mit Worten beschreiben konnte und sie noch enger an mich zog. Ihr Körper und ihre Haare durchnässten meine Kleidung, aber ich hätte alles in Kauf genommen, wenn ich sie dafür weiter halten konnte.

»Es tut mir leid«, flüsterte ich immer wieder, bis ihre leisen Schluchzer versiegten. Es konnte nicht nur mein Ausraster heute Mittag gewesen sein, sie trug irgendetwas anderes mit sich herum, das sie allein nicht verkraften konnte. Doch ich traute mich nicht, zu fragen. Ich musste darauf hoffen, dass sie es mir von sich aus erzählte, wenn ich ihr Vertrauen verdient hatte. Und das schwor ich bei allem! Ich würde darum kämpfen! Denn das war das Einzige, was ich konnte.

Irgendwann löste sie sich von mir, und ich ließ sie widerwillig los. Sie nickte mir zu, daraufhin drehte sie sich um und ging. Ich stand einfach da, denn ich spürte, dass ich ihr den Freiraum geben musste, den sie brauchte. Allerdings hoffte ich auch, das Richtige damit zu tun. Denn im gleichen Moment wurde mir klar, ich würde es nicht ertragen, wenn sie morgen weg wäre.

Kapitel 19

Lauren

X Ambassadors
Renegades

Ich blieb. Doch ich machte es Shawn nicht einfach. Sam hatte mir am nächsten Morgen ein Danke zugeflüstert, als ich an den Frühstückstisch gekommen war. Und auch Rob sah ehrlich glücklich darüber aus, dass ich nicht nach Hause geflogen war. Shawn saß ebenfalls am Tisch, aber er musste noch einige Tage meine Abweisung ertragen, für die Art, wie er mich und auch alle anderen behandelt hatte. Und er respektierte es tatsächlich.

Keine dummen Sprüche, das Training schritt voran, und es gab keine Ausraster oder kritischen Momente mehr. Ich kümmerte mich um meinen Job, und abends, nach dem Abendessen, verbrachte ich die Zeit allein auf dem Zimmer. Ich telefonierte jeden Tag mit meiner Mum und Hunter und hoffte, bald eine Möglichkeit zu finden, Gini zu sehen. Mum hatte mir mitgeteilt, dass ein weiterer Brief von meiner Schwester angekommen war. Gestempelt in Atlanta. Heute, an diesem Freitag, stand ich kurz davor, Sam zu bitten, mit mir zu den heutigen Kämpfen zu gehen, damit ich dieser Spur nachgehen konnte, als es an der Tür klopfte. Mit wummerndem Herzen ging ich hinüber und öffnete sie.

Shawn hatte sich mit einem Arm an dem oberen Türrahmen abgestützt und lächelte mich unsicher an.

»Hi«, sagte er, und ich konnte nicht fassen, wie lammfromm er die letzten Tage war. Mr. Hyde war immer noch in ihm, ich musste weiterhin wachsam bleiben.

»Hi.«

»Heute fangen die Kämpfe an, und ich dachte, vielleicht willst du mitkommen? Sam und Rob haben abgesagt, und eventuell hast du ja Lust?«

»Okay.« Das kam mir äußerst gelegen. Außerdem fand ich es irgendwie süß, wie er sich zurücknahm.

»Ich muss mir nur noch etwas anziehen, dann können wir los.« Er nickte, während ich vorsichtig die Tür schloss. Schnell tauschte ich die Jogginghose gegen eine Jeans und mein Schlafshirt gegen ein enges, weißes T-Shirt, zog mir die olivgrüne Stoffjacke drüber und schnappte mir meine Umhängetasche. Ein paar Spritzer Parfüm und ein wenig Mascara, und ich zog die Tür wieder auf.

Shawn lächelte mich schief an und sah dabei viel zu umwerfend aus. Er trug eine dunkelblaue Jeans locker auf den Hüften und eine Lederjacke über einem lässigen Shirt, das sein Outfit komplett machte. Mein Herz tanzte einige Schritte Tango. Nein, ich wollte ihn zappeln lassen! Aber wie er roch …

Wir liefen über den Flur auf die Aufzüge zu, und ich spürte, wie Shawn sanft nach meinen Fingern tastete.

»Darf ich?«, fragte er und verschränkte unsere Hände miteinander. Ich schmolz. Wieso konnte er nicht immer so sein?

Als ich nickte, führte er meine Finger an seinen Mund und drückte mir lächelnd zarte Küsse darauf. Es war ein leichtes Herantasten, wie weit er gehen konnte, aber ich vermisste die lockere und prickelnde Stimmung, die vorher zwischen uns geherrscht hatte. Ich wollte nicht mehr nachtragend sein, ich hatte ihm seinen Fehltritt verziehen. Zumindest, wenn es nicht noch einmal vorkam.

»Danke, dass du geblieben bist«, sagte er leise, als wir uns nebeneinander in den Lift stellten und er den Knopf der Tiefgarage drückte. Was sollte ich darauf antworten? Gern geschehen? Denn es hatte mich Überwindung und mehrere schlaflose Nächte gekostet. Außerdem war ich mir immer noch nicht sicher, ob ich tatsächlich das Richtige tat.

»Eine Chance, Dawson«, sagte ich nur leise, und er drückte meine Finger.

»Ich brauch keine mehr. Ich verspreche es dir.«

Bis zum Auto ließ er mich nicht mehr los, und als wir auf dem Parkplatz der Veranstaltungshalle geparkt und den Wagen wieder verlassen hatten, griff er erneut nach meiner Hand. Je näher wir der Halle kamen, desto aufrechter ging er. Man sah ihm sofort an, dass er hier in seinem Element war. Hier gehörte er hin, das war es, was er wirklich wollte. Er nahm alles um sich herum mit seiner selbstbewussten Ausstrahlung ein, und ich unterdrückte den kleinen stolzen Funken, der in mir aufflammte, wenn ich an unsere verschränkten Hände dachte. Denn in gewissem Maße führte er mich gerade in seine Welt ein. Er wollte mich bei sich haben.

»Hi, Butch!«, begrüßte er den Türsteher, der mir seltsam bekannt vorkam und mich irgendwie merkwürdig anlächelte. War das nicht der Typ, der mich an dem einen Abend zu meinem Auto begleitet hatte?

Bevor ich ihn mir genauer ansehen konnte, betraten wir schon die Halle. Mittlerweile fühlte ich mich hier nicht mehr ganz so fremd. Ich kannte die Atmosphäre, wusste sogar die ein oder anderen Techniken und Griffe beim Namen, die die Kämpfer in diesem Moment in der Mitte zeigten.

»Möchtest du etwas trinken?«, fragte Shawn.

Ich nickte. »Ein Bier bitte.« Bevor er mich zum Getränkestand mitziehen konnte, löste ich unsere Finger, und sein Blick wurde fast schon besorgt.

»Ist okay. Ich warte hier.«

»Ich halte das für keine gute Idee.«

Ich musste kurz auflachen, als ich sein sorgenvolles Gesicht betrachtete.

»Hey, ich kann auf mich aufpassen, das weißt du doch.«

»Gerade darüber mache ich mir ja Gedanken.« Er schmunzelte und stupste mir mit dem Finger an die Nasenspitze. »Wenn du deinen vorlauten Mund öffnest, könntest du hier schnell in Schwierigkeiten stecken.«

»Was soll passieren? Jeder weiß jetzt, dass ich mit Rage Dawson hier bin.« Ich freute mich über sein stolzes Grinsen.

»Und das solltest du auch nicht vergessen. Bleib genau da stehen!«, sagte er rau, bevor er sich umdrehte und hinter einigen Menschen in der Menge verschwand. Ich sah mich aufmerksam um und entdeckte im hinteren Teil der Halle einen höher gelegenen, abgetrennten Bereich. Hinter einem hüfthohen Geländer standen Sofas, den Eingang zu dieser Lounge bewachte ein muskulöser Türsteher. Ich blinzelte mehrmals, denn die Sicht verschwamm vor mir. Mein Herz raste, und ich riss angestrengt die Augen auf, als ich sie tatsächlich dort sah. Gini! Sie trug ein enges, schwarzes Kleid, ihre feuerroten Haare waren offen, und sie blickte leer nach unten zu dem Kampfkäfig. Etwas entfernt von ihr stand Malone. Überheblich grinsend unterhielt er sich mit einem Typen, der genauso schmierig aussah wie er. Weitere Frauen und andere Kerle saßen in den Sitzecken oder lehnten an dem Geländer, um sich den Kampf aus nächster Nähe anzusehen. Ich musste zu ihr! Ohne nachzudenken, stürmte ich los, drückte mich an Menschen vorbei, die mir entgegenkamen, und vergaß alles um mich herum.

Ich presste meinen Körper eng gegen das Gitter, das den Bereich abtrennte, und fixierte meine Schwester. Sie sah nur noch wie die Hälfte ihrer selbst aus. Sie war so lebensfroh gewesen, hatte teilweise einen noch hartnäckigeren Dickschädel als ich und eine genauso große Klappe. Was hatte Malone mit ihr gemacht? Er hatte sie gebrochen.

Mühsam unterdrückte ich ein Schluchzen. Mein Blick flackerte zu Malone, der sich immer noch unterhielt. Das war meine Chance.

»Gini!«, rief ich halb flüsternd, und ihr Kopf begann sich zu bewegen. Sie suchte nach der Quelle des Geräusches, bis sie mein Gesicht fand. Schnell blinzelte ich die Tränen weg, die meine Augen überfluteten. Ich würde nicht eher gehen, bevor sie mitkam!

Nervös sah sie zu Malone, stand von der schwarzen Ledercouch auf und lief zu mir. Hinter Menschen versteckt ging sie in die Hocke und griff durch das Gitter. »Laurie!«, wisperte sie, und ich ergriff ihre Hand. Sie war eiskalt.

»Endlich habe ich dich gefunden! Du kommst jetzt mit! Sofort!«

Wie ein gehetztes Tier sah sie sich um. »Habt ihr das Geld bekommen?«

»Gini, scheiß auf das verdammte Geld! Du kommst jetzt sofort mit!«, wiederholte ich.

Sie sah zu Boden. »Das Geld ist wichtig für Mum«, sagte sie schwach, und ich drückte ihre Hand fester.

»Es ist viel wichtiger, dass es dir gut geht!«

»Er behandelt mich gut.«

»Wieso lügst du mich an?« So langsam wurde ich wütend.

Sie kaute auf ihrer Unterlippe. »Wirklich. Es ist okay.«

»Und wieso darfst du uns dann nicht besuchen? Oder anrufen? Was ist mit deinem Handy?«

»Er ist eben ein bisschen eifersüchtig …«

»Ein bisschen?«, meine Stimme hob sich, und erneut sah sie nervös zu Malone, der es glücklicherweise nicht mitbekommen hatte.

»Wirklich, Laurie. Mach dir keine Sorgen. Mir fehlt es an nichts, ich melde mich, sobald ich kann!« In dem Moment fiel mir die bläuliche Farbe um ihr Auge unter den dicken Schichten Make-up auf und ich legte meine Hand an ihr Gesicht.

»Was ist das?«, fragte ich mit zitternder Stimme. Sie ließ meine andere Hand los und stand auf, ohne meine Frage zu beantworten. Aber auch wenn sie nichts sagte, drückte das alles aus, was nötig war.

»Was? Bist du verrückt?«, schrie ich nun, und so langsam wurden die Menschen um uns herum doch auf uns aufmerksam. »Du kommst jetzt sofort mit! Ginger Brooks!«

Sie lächelte mich traurig an, ging daraufhin zurück zur Couch und setzte sich. Wie ein braves Schoßhündchen. Das hatte Malone ja großartig hinbekommen! Wo war meine Schwester nur? Diese Hülle war nicht sie!

»Gini!«, rief ich erneut, und nun sah Malone zu uns rüber. Ein eiskalter, fast angewiderter Ausdruck traf mich, und ich sammelte meine komplette Wut, die seit Monaten in mir steckte. Er war schuld! Er benutzte sie! Er verbot ihr den Kontakt zu ihrer Familie!

»Malone, du Arschloch! Lass sie gehen!«, brüllte ich und lief auf den Eingang zu. Es war mir egal, notfalls würde ich ihn zwingen, sie mit mir gehen zu lassen! Der Türsteher trat einen Schritt auf mich zu, und ich versuchte mich an ihm vorbeizudrängeln, schrie wie eine Furie, aber Malone grinste mich nur überheblich an. Langsam lief er zu Gini, zog sie an sich und presste seinen dreckigen Mund auf ihre Lippen. Mit Mühe und Not schluckte ich die Galle hinunter, die meine Speiseröhre heraufkroch.

»Du elender Wichser!«

»Es reicht jetzt!«, sagte der Türsteher und drückte mich mit seiner Pranke zurück. Alle sahen mich an, als wäre ich verrückt, aber das zählte in diesem Moment nicht. Das einzig Wichtige war, Gini mitzunehmen! Ich kreischte weiter, wütete, drückte mich gegen den Türsteher, während meine Schwester nur den Kopf senkte und Malone seinen Arm um ihre Schultern legte.

Breite Hände schlangen sich sanft um meinen Oberkörper und zogen mich zurück. Meine Abwehrhaltung löste sich Stück für Stück in Luft auf. Ich spürte die Umklammerung fester um mich. Warm und beschützend umgriff Shawns Körper meinen, und ich sank ihm ein wenig entgegen.

»Was ist los?«, hörte ich seine beherrschte Stimme an meinem Ohr, doch ich vernahm das Zittern neu aufkommender Wut. Was würde er tun, wenn ich es ihm sagte? Könnte ich so egoistisch sein, ihn zu benutzen? Ein weiteres Mal und diesmal richtig? Er war gebrochen, könnte ich ihm noch mehr Wunden damit zuzufügen, indem er die Möglichkeit auf die Kämpfe verlor, weil er Malone jetzt und hier zu Brei schlug?

Aber meine Schwester … Sie war freiwillig bei Malone? Das ich nicht lachte!

»Ich hab mich unter Kontrolle, lass mich los«, zischte ich.

Shawn lockerte zwar seine Arme, aber nur, damit ich mich darin zu ihm umdrehen konnte. Er ließ mich weiterhin nicht los. »Was ist passiert?«, fragte er, und sein Blick wanderte hinter meinem Rücken zu der Szenerie. »Hat er dir etwas getan? Malone ist ein Arschloch!«

Ich konnte Shawn nicht mit hineinziehen. Wer wusste, wie lange es dauern würde, bis er erneut sein zweites Gesicht zeigte. Und das würde irgendwann unweigerlich passieren. Würde er mir dann vorhalten, dass er einen Fehler gemacht hätte, weil ich ihn auf Malone losgelassen hatte? So, wie mein Vater meiner Mutter vorgeworfen hatte, dass sie ihm seine Jugend und seine Möglichkeiten mit einem Balg wie mir geraubt hatte? Nein … Ich würde Shawn da raushalten. Ich schob mich vor sein Gesichtsfeld, nicht dass er Gini noch als meine Schwester erkannte.

»Können wir gehen?«, fragte ich leise, und Shawn sah mich an. So sanft und fürsorglich, dass es mir fast das Herz zerriss und mir den Atem raubte. Seine blauen Augen wirkten heller als sonst, doch in ihnen tobte immer noch ein Sturm, weil er sich um mich Sorgen machte. »Bitte«, flüsterte ich.

»Natürlich«, erwiderte er, sah noch einmal hinter mich und führte mich dann zurück Richtung Ausgang. Ich wollte hier nur noch weg. Jetzt wusste ich, dass es Gini zwar nicht gut ging, sie aber zumindest noch lebte. Und ich wusste auch, wo ich suchen musste, um sie erneut zu finden. Denn das würde ich! Ich allein, koste es, was es wolle!

Wir liefen weiter, ich sah bereits die offene Tür, die nach draußen führte und uns weg von diesem unheilvollen Ort bringen würde. Hatte ich tatsächlich gedacht, ich hätte mich langsam an diese Umgebung gewohnt? Ich hatte mich so was von geirrt!

»Wenn das mal nicht mein Bruderherz ist«, hörte ich eine tiefe Stimme hinter uns. Es dauerte nur Sekunden, bis sich Shawn verspannte und ich an seinem Gesicht sah, dass Mr. Hyde nicht mehr sehr weit war. Scheiße.

Kapitel 20

Shawn

Paramore

Decode

Ich hatte es bereits vorher gewusst, Atlanta war eine verfluchte Stadt. Wenn ich nicht gemusst hätte, wäre ich niemals hier aufgetaucht. Erst mein Vater, dann diese komische Sache mit Malone und Lauren und jetzt noch mein Bruder Kane. Ich hätte nicht herkommen sollen. Doch ich hatte nicht damit gerechnet, ihn heute hier zu sehen. Soweit ich das verfolgen konnte, hatte Kane in Inglewood seinen Kampf gewonnen. Das bedeutete, er war eine Runde weiter. Genauso wie ich, sofern ich in einer Woche gegen Sawyer gewann. Wir hätten uns frühestens in New York über den Weg laufen sollen. Oder hatte er unsere Eltern hier besucht? Wieder Kontakt zu ihnen aufgenommen? Denn auch er hatte nach dem Drama mit ihnen gebrochen.

Ich sah zu Lauren, die immer noch an meiner Hand hing. Mir fiel es unsagbar schwer, trotzdem würde ich meinem Bruder keine verpassen. Auch wenn er es mehr als einmal verdient hatte. Wir würden es irgendwann austragen, da war ich mir sicher. Aber wahrscheinlich nicht auf offiziellem Boden.

»Alles okay«, flüsterte ich ihr zu und drehte mich langsam um. Kanes Blick fiel auf Lauren, und er zog belustigt eine Augenbraue nach oben. Natürlich dachte er, sie wäre wie immer irgendeine Frau. Am besten ließ ich ihn in dem Glauben, denn wenn er wusste, dass sie mir etwas bedeutete, würde er versuchen, auch ihr wehzutun. Wow, eigentlich hatte ich noch gar nicht wirklich darüber nachgedacht. Ja, sie bedeutete mir tatsächlich was. Weit mehr, als ich mir vorher hatte eingestehen können. Genau genommen wurde sie gerade zu etwas ziemlich Großem.

»Kane«, sagte ich äußerlich gefasst. Ich wollte ihm keinen Anlass geben, uns zu reizen.

»Dass du dich traust, nach Atlanta zu kommen. Wahnsinn, hätte nicht mit dir gerechnet.«

»Was willst du?«

»Spricht man so unfreundlich mit seiner *Familie?*« Er spuckte das letzte Wort aus, als wäre es eine Krankheit. Aber das traf bei unserer auch zu. Wie Krebs hatte sich mein Fehler Stückchen für Stückchen unaufhaltsam durch sie hindurchgefressen und sie für immer zerstört.

»Wer ist die Kleine? Willst du uns nicht vorstellen? Vielleicht hat sie Lust auf einen richtigen Dawson und nicht so einen Waschlappen, wie du es bist.«

Meine Finger ballten sich zu Fäusten, als er einen Schritt vortrat.

»Vorsicht«, knurrte ich, und Lauren sah nervös zwischen uns hin und her. Sie musste denken, dass sie nun mitten in einem Keller voll Dynamit saß und selbst ein angezündetes Streichholz war. Und das, obwohl es ihr augenscheinlich selbst nicht gut ging. Ich musste sie hier rausbringen!

»Ach, dein Bruder? Wow, Shawn hat mir schon so viel von dir erzählt!«, sagte auf einmal Lauren, und ihre Worte trieften vor Hohn.

Kane sah sie verwundert an. »Hat er?«

»Nö, eigentlich nicht. Anscheinend bist du nicht erwähnenswert.«

Kane lachte trocken. »Schickst du jetzt schon deine Schlampen vor, um dich zu verteidigen, weil du es selbst nicht mehr hinbekommst?«, fragte er mich, und vor meinem inneren Auge wurde gerade die rote Fahne geschwungen. Wie hatte er sie eben bezeichnet?

Laurens Finger drückten fester meine Hand, und ich sah nach unten. Sie war hier. Kane wollte uns provozieren, ohne Frage. Doch ich würde Lauren kein zweites Mal Angst einjagen, sondern sie endlich hier fortbringen. Es ging nicht länger nur um mich.

»Komm«, sagte sie und zog mich Richtung Ausgang. Sie half mir aus der Situation, und obwohl Kane uns einige verächtliche Sätze hinterherrief, konnte ich mich beherrschen. Vor allen anderen. Draußen angekommen ließ ich sie los und lief geradeaus. Ich wollte hier nur weg, dabei hatte der Abend verschissen gut angefangen! Aber nur so lange, bis wir die Halle betreten hatten …

»Shawn!«, hörte ich Laurens Rufe, ignorierte sie und bog an der Hallenseite ab. Meine Faust krachte mit einem Knall gegen die Wand. Das ohrenbetäubende Krachen erklang ein weiteres Mal, als meine Knöchel das Blech trafen. Es war nicht genug. Der innere Schmerz war immer noch da.

»Shawn.« Sanft legte sie ihre Hand auf meine Schulter.

Kane. Mein Dad. Atlanta. Der morgige Tag. Alles war zu viel, alles schlug auf mich ein, obwohl ich schon am Boden lag. Immer wieder. Ich würde nie davonlaufen können. Egal wie sehr ich es versuchte.

Lauren schob sich vor mich und hielt meine geballte Faust fest, bevor ich erneut zuschlagen konnte. Ich spürte das Brennen meiner aufgerissenen Fingerknöchel an ihrer warmen Haut.

»Ich bin da«, sagte sie nur. Der Schleier lichtete sich, ich sah nur sie. Alles um uns herum verschwamm. Ihre Lippen waren einen Spaltbreit geöffnet. Ihre Augen übermittelten mir so viel Gefühl, dass ich schlucken musste.

Blitzartig legte ich eine Hand in ihren Nacken und zog sie an mich. Ich drückte meine Lippen hart auf ihre. Musste sie fühlen, schmecken, meinem Verlangen nach ihr endlich nachgeben. Sie gab sich mir hin, öffnete den Mund, und ich presste sie knurrend gegen die Hallenwand.

Es tat so gut. Das Gefühl verdeckte alle anderen und wischte sie einfach fort. Ich spürte nur sie, dicht an meinen Körper gepresst.

Mein Puls raste, als meine Zunge in ihren Mund eintauchte und sie mich an meinem Rücken noch näher an sich zog. Ihr Seufzen machte mich bretthart, und ich presste meinen Unterleib an dicht an sie. Durch unsere Hosen spürte ich die Hitze, die ihre Lust ausstrahlte, und drang tiefer in ihren Mund ein. Kein Fitzelchen Luft passte zwischen unsere Körper.

Lauren roch so köstlich. Sie schmeckte besser als alles, was ich vorher gekostet hatte. Sie war perfekt.

Ich verlor mich in ihr, dachte nur an sie, spürte ihre weichen Haarsträhnen, als ich sie um meine Hand schlang und sie noch enger an mich drückte, was jedoch kaum möglich war. Ich wollte mehr von ihr, es reichte nicht aus, und ich hatte die leise Ahnung, dass ich nie genug von ihr bekommen würde.

Wir keuchten, atmeten dieselbe Luft ein und wieder aus. Es gab noch nie einen Kuss, der mich mehr vereinnahmte als dieser. Auch in ihren Berührungen, wie sie mich an sich zog und ihre Atmung in einem genauso unkontrollierten Rhythmus ging, spürte ich Verzweiflung mitschwingen. Als könnte ich ihr ebenso den Halt geben, den sie benötigte wie die Luft zum Atmen. Wir brauchten nicht viel in diesem Moment, nur uns. Alles andere war nichtig geworden, im gleichen Augenblick, in dem unsere Lippen aufeinandergetroffen waren.

Schwer atmend ließ ich von ihr ab und legte meine Stirn an ihre. Ich wollte etwas sagen, mich für meinen Ausraster entschuldigen, mal wieder, aber ich konnte nicht.

»Ich bin da«, wisperte sie atemlos. Ich drückte mich von der Wand ab und stand unsicher vor ihr. Ihr rosiger Mund war geschwollen, ihre Augen verhangen, und am liebsten hätte ich mich gleich wieder auf sie gestürzt. Denn sobald ich mich von ihr gelöst hatte, kamen alle Gedanken, jeder Schmerz und die Trauer geballt zurück.

»Ich hab jetzt wirklich Lust auf einen Burger«, sagte sie, und ich schüttelte stumm den Kopf. Womit hatte ich sie nur verdient?

Kapitel 21

Lauren

JRY, Rooty
Pray

Vor meiner Zimmertür kamen wir zum Stehen. Wir hatten beim Essen nicht viele Worte gewechselt, aber das mussten wir auch nicht. Wir verstanden einander auch so, und keiner wollte dem anderen beichten, was ihn wirklich bedrückte. Doch jetzt, in dem Moment, in dem ich mich von ihm trennen musste, kam es mir vor, als wäre ich einsamer als zuvor.

»Dann, gute Nacht«, sagte er leise, und ich ging einen Schritt auf ihn zu.

»Bleibst du bei mir? Nur kurz? Du hast immer noch nicht nach den Monstern gesehen«, stellte ich fest, und ein leichtes Lächeln umspielte seine Mundwinkel. Er nickte stumm, und ich öffnete aufgeregt die Tür.

Mein Zimmer war nicht ganz so geräumig wie seines. Trotzdem hatte es einen Vorraum mit Wohnzimmer und ein enormes Schlafzimmer. Etwas befangen stand ich nun hier und sah ihn an. Ich war verwirrt, aber ich wusste, dass ich unter keinen Umständen jetzt gerade allein sein wollte. Alles in mir pulsierte, als er sich vor mich stellte. Er roch wie so oft nach Leder und seinem Parfüm. Langsam legte ich meine Hände an den Kragen seiner Jacke und strich sie ihm von den Schultern. Ich wollte ihn. Ich brauchte ihn sogar. Und wenn es nur dazu diente, die Einsamkeit zu vertreiben, die mich immer wieder verschlang. Denn bei unserem phänomenalen Kuss hatte ich sie nicht gespürt. Genau genommen hatte in diesem Moment nur er gezählt, und ich wollte das noch einmal fühlen. Länger.

Meine Finger fuhren vorsichtig nach unten über das Shirt, das auf seiner breiten Brust spannte. Natürlich hatte ich ihn vorher angefasst, aber noch niemals auf diese Art. Er ließ mich gewähren und stand weiterhin wie ein Fels vor mir. Nur an seinem angestrengten Blick sah ich, dass er um seine Beherrschung kämpfte. Ich wünschte mir nichts sehnlicher, als dass er sie verlor!

Ich trat einen Schritt zurück und sah ihn an. Seine Iriden wurden dunkler, als er mich dabei beobachtete, wie ich meine Jacke auszog und den Knopf meiner Jeans öffnete. Mein Puls war lebensbedrohlich, genauso wie das heftige Pochen in meinem gesamten Unterleib. Mit schwingenden Bewegungen strich ich mir die enge Hose von den Beinen und stand nur noch in Shirt und Slip vor ihm. Ich schluckte, denn er machte keinerlei Anstalten, zu mir zu kommen oder etwas zu sagen. Er betrachtete mich nur so eindringlich, dass ich kaum atmen konnte. Doch auch wenn ich ihm ansah, dass er mich begehrte, verunsicherte mich seine Starre. Es tat fast körperlich weh, dass er keinen Schritt auf mich zu machte.

»Willst du mich nicht?«, flüsterte ich und unterdrückte den Drang, mich wieder anzuziehen. Gemächlich setzte er sich in Bewegung und kam endlich auf mich zu. Er ergriff meine Hand, die sich jedes Mal wahnsinnig klein in seinen großen Händen anfühlte.

Shawn gab mir einen Kuss auf die Schläfe, und ich schloss die Augen. Seine Lippen bewegten sich kitzelnd an meiner Haut. »Ich wollte in meinem Leben nichts so sehr wie dich.«

Er zog mich sanft in mein Schlafzimmer und drückte mich auf das Doppelbett. Ich rutschte in Richtung Kopfende und legte mich hin, ohne den Blick von seinem massiven Körper abzuwenden.

Seit meinem letzten festen Freund, der mich damals verlassen hatte, als ich mich um meine Mum kümmern musste, hatte ich keine Beziehung mehr gehabt. Sex ja, unverbindlich, teilweise ganz gut, teilweise ziemlich mies. Aber diese Lust, die jetzt in jeder Faser meines Körpers pulsierte, mein Mund, der nach Shawns Geschmack lechzte, und meine Mitte, die sich einsam zusammenzog … Das hatte ich zuvor noch nie gespürt!

Shawn zog nun die Hose und sein Shirt aus und stand nur noch in Boxershorts vor mir. Sein Anblick war unglaublich. Die eindeutige Erektion, die sich abzeichnete, ließ mich völlig durchdrehen und zeigte mir, dass er nicht gelogen hatte. Langsam kam er zu mir und löste den Blick nicht von meinen Augen.

»Zieh das aus«, sagte er und zupfte am Saum meines T-Shirts. Hastig tat ich ihm den Gefallen. Seine großen Hände fuhren über meine Haut, bevor er den BH öffnete und dieser von meinen Schultern rutschte. Meine Brustwarzen reckten sich ihm entgegen und kribbelten in Vorfreude auf seine Berührungen. Doch er zog mich mit dem Arm um meine Taille nur an sich und legte sich hinter mich. Seine Brust drückte gegen meinen nackten Rücken, und nur noch in Unterwäsche bekleidet lagen wir aneinandergeschmiegt auf den Laken. Es war ein wahnsinnig gutes Gefühl, seine fast brennende Haut an meiner zu spüren.

»Wir müssen nichts tun, ich möchte dich einfach nur fühlen«, flüsterte er und zog mich noch näher an sich. Seine Erektion drückte sich an meinen Po, und ich begann das Becken ein wenig kreisen zu lassen. Ich wollte ihn! Ich wollte nicht nur mit ihm hier liegen! Ich wollte mehr, viel mehr! Seine Hand zog sich noch enger um meine Taille, und ein heiseres Stöhnen entfuhr ihm, das mich schier um den Verstand brachte.

»Ich will dich, Shawn«, wisperte ich.

Er seufzte, stützte sich auf und verteilte Küsse auf meinem Nacken. »Ich möchte nichts überstürzen. Nicht mit dir«, erwiderte er leise. Ich konnte nicht beschreiben, wie gerührt ich von seinen sanften Worten war.

»Wirklich, ich brauche dich!«, flehte ich weiter. Seine weichen Lippen fuhren über meine Haut. »Bist du dir sicher?« Sein heißer Atem bereitete mir eine Gänsehaut.

Ich nickte. »Zu zweihundert Prozent!«

Seine Hand löste sich und zog zarte Kreise über meinem Bauch, während sich sein Mund nun eindringlicher meinem Nacken und meiner Schulter widmete. Leckend und beißend im Wechsel, und es machte mich schier verrückt. Mein Po rieb sich immer schneller an ihm, mein Stöhnen wurde lauter, als seine Fingerkuppen zart am Bund meines Höschens entlangfuhren.

»Ich hab mir das schon ziemlich lange gewünscht«, sagte er, und ich spürte sein Grinsen an meiner Haut.

»Ich weiß«, erwiderte ich und musste ebenfalls über seine plumpen, anfänglichen Versuche, mich nur ins Bett zu bekommen, lächeln. Doch das Lachen verging mir, als sein Finger in meinen Slip tauchte und über meine Schamlippen strich. »Oh Gott, du bist so feucht.« Er glitt mühelos in mich, und ich rekelte mich weiter, drückte mich seiner Hand entgegen. Sein Daumenballen rieb immer wieder über meinen Kitzler. Wieder und wieder stieß er in mich, keuchte mir dabei ins Ohr, und meine Bewegungen wurden unkontrollierter. Er nahm einen zweiten Finger hinzu, verteilte immer wieder die Feuchtigkeit kreisend auf meiner Klit, und meine Mitte zog sich eng um ihn zusammen. Ich stöhnte seinen Namen, während er mein Ohrläppchen zwischen seine Zähne nahm. »Du bist so heiß«, raunte er knurrend. Immer schneller, immer höher trieb er mich mit göttlichen Berührungen voran, bis ich endlich unter ihm zerfiel. Ich schrie meinen Orgasmus hinaus, und er presste mich dicht gegen sich. Mein Herz erlitt mindestens einen Stillstand, als er seine Hand zurückzog und mich auf den Rücken drehte. Sein Mund schmiegte sich auf meinen, unsere Zungen suchten sich wild, fanden sich und verloren sich wieder. Mit meiner Hilfe strich er mir das Höschen von den Hüften, während er sich seiner Shorts entledigte.

Unsere Körper trennten sich nur, als er aus seiner Jeanstasche ein Kondom herauszog. Ich nahm es ihm hastig ab, packte es aus und streifte es über seinen aufgerichteten Schwanz. Er war groß und hart in meiner Hand, als ich immer wieder darüber glitt und er keuchend seinen Mund auf meinen drückte. Fast grob, im kompletten Kontrast zu seinen vorherigen Berührungen, zog er mich an den Beinen gegen sich, platzierte sich vor mir und stieß mit einem Mal zu. Ich wollte es genau so, ich musste ihn spüren. Ich brauchte ihn nicht sanft, sondern hart, damit ich mich vollständig in ihm verlor. Ich bäumte mich ihm entgegen, seine Finger zupften an meinen Brustwarzen. Unsere Zungen neckten sich gegenseitig, und ich biss ihm in die Unterlippe, weil ich mit den intensiven Gefühlen, die in mir herrschten, kaum klarkam. Es fühlte sich an, als wäre er das Feuer und ich das Öl. Immer wieder stieß er in mich, rieb dabei stetig über einen speziellen Punkt in meinem Inneren. Meine Finger verkrampften um seinen Nacken, während er an meinem Hals saugte und meinen Namen keuchte. Ein neuer Höhepunkt baute sich in mir auf, bis sich plötzlich der Knoten löste und ich mich zum zweiten Mal heute vollständig in Shawn Dawson verlor. Genauso wie er sich in mir.

***

Als ich aufwachte, spürte ich nur an dem Gefühl zwischen meinen Beinen, dass es kein Traum gewesen war. Denn die andere Bettseite war leer. Ich drehte mich hinüber und drückte meine Nase in die Kissen. Es roch eindeutig nach ihm. Wo war er?

Ich sah mich im Zimmer um, aber seine Klamotten waren verschwunden. Hatte ich mich geirrt? Wollte er mich tatsächlich nur einmal ins Bett bekommen? Das konnte ich mir nicht vorstellen … Noch müde rieb ich mir die Augen. Wir waren kaum zum Schlafen gekommen. Nachdem wir das erste Mal miteinander geschlafen hatten, folgten noch zwei weitere Male. Ich konnte einfach nicht genug von ihm bekommen, denn auch beim Sex zeigte er zwei Gesichter. Und jedes davon nahm ich gerne entgegen. Mal war er zärtlich, liebevoll und kümmerte sich vollständig um meine Bedürfnisse. Und dann kamen Momente, in denen er sich nahm, was er wollte und brauchte, ohne Rücksicht auf mich. Aber das turnte mich genauso an wie seine sanfte Seite.

Seufzend schwang ich mich aus den Laken und ging hinüber ins Bad. Auch hier war keinerlei Hinweis darauf zu finden, dass Shawn da gewesen war. Ich duschte und zog mir etwas Lockeres an. Vielleicht war er schon zu Rob und Sam zum Frühstück gegangen. Heute war Sonntag, somit Ruhetag, aber es könnte sein, dass er noch einige Dinge mit ihnen allein besprechen wollte.

Als ich den Frühstücksraum erreicht hatte, sah ich Sam und Rob an unserem gewohnten Tisch. Doch auch hier keine Spur von Shawn.

»Guten Morgen«, sagte ich und setzte mich Sam gegenüber. Die beiden Männer begrüßten mich, und ich nahm mir ein Croissant. »Habt ihr Shawn gesehen?«

Sams Blick flackerte kurz zu Rob, und meine Stirn kräuselte sich. Irgendwas verheimlichten die beiden!

»Bestimmt ist er heute Morgen laufen gegangen«, sagte Rob und zuckte betont gleichgültig mit den Schultern.

»Ja, vielleicht ...«, murmelte ich.

Doch während des gesamten Frühstücks hatte ich den Eindruck, sie verschwiegen mir etwas, und ich hatte eine extrem üble Ahnung, worum es sich dabei handelte. Aber vielleicht sah ich nach dem gestrigen Tag wirklich nur Gespenster und redete mir etwas ein. Wahrscheinlich war er schon längst auf seinem Zimmer und wartete sogar auf mich.

Wir frühstückten fertig, und Sam und Rob gingen zu ihren Zimmern. Ich lief zu Shawns Suite und klopfte einige Male. Keiner machte auf.

Unruhig strich ich über mein Handgelenk. Er hatte doch hoffentlich nicht das mit Gini rausbekommen und machte sich nun selbst auf die Suche, um mir zu helfen?

»Lauren.« Als ich Sams Stimme vernahm, drehte ich mich um. »Er ist nicht da, oder?« Ich schüttelte den Kopf. »Hör zu, auch wenn Shawn vielleicht nicht will, dass du es weißt. Aber ich habe gemerkt, dass ihr euch immer näher kommt. Näher als Rob oder ich jemals an ihn herankommen. Er braucht dringend einen weiteren Freund. Er braucht dich.« Sam drückte mir einen Zettel in die Hand. »Seitdem wir hier sind, kommen Erinnerungen in ihm hoch, die nicht gut für ihn sind. Die ihn immer mehr vergiften. Er sollte jetzt nicht allein sein. Nicht heute.«

Ich sah auf das Stück Papier. Darauf notiert war eine Adresse. Sam lächelte mich noch einmal an, dann ging er. Shawn brauchte einen Freund. Da hatte Sam wirklich recht, und seit dem gestrigen Tag wollte ich nichts lieber, als dieser Mensch für Shawn zu sein. Vielleicht sogar mehr als ein einfacher Freund.

Kapitel 22

Shawn
Metallica
Nothing Else Matters

Das Gras fühlte sich leicht feucht von der Nacht an, als ich mich hinsetzte und die Beine anwinkelte. Frische Blumen rahmten den schwarzen Stein ein. Mum kam regelmäßig hierher. Natürlich.

Es war das erste Mal seit sechs Jahren, dass ich diesen Ort aufsuchte. Fast wäre ich draußen vor den Toren des Friedhofs umgedreht und gegangen. Ich war bestimmt zwanzig Minuten auf und ab gelaufen, bevor ich es schaffte, einen Schritt auf den Boden hinter den schmiedeeisernen Toren zu setzen. Aber ich konnte mich dem nicht ewig entziehen, auch wenn die Schuldgefühle mich hier niederdrückten. Es verschlimmerte sich von Sekunde zu Sekunde, in der ich hier saß und auf die goldenen Buchstaben starrte.

Thomas Dawson

Geliebter Sohn, treuer Bruder

»Verdammt ich vermisse dich, Tommy«, sagte ich heiser und fuhr mir durchs Haar.

Ein Geräusch ließ mich zusammenfahren, aber ich drehte mich nicht um, sondern sah weiter geradeaus. Ich wusste, auch ohne dass ich es sah, wer sich nun neben mich ins Gras setzte. Allein weil mein Körper zu kribbeln begann, wie immer, wenn ich ihre Nähe fühlte.

»Es hat mich wahnsinnig gemacht, wenn er morgens mit seinem Kakao geblubbert hat. Aber er hat nicht aufgehört, wollte mich damit zur Weißglut bringen«, sagte ich traurig lächelnd und spürte Laurens zarte Hand auf meinem Oberschenkel. »Als ich meine erste Freundin hatte, ist er ständig ins Zimmer geplatzt. Bis ich ihn draußen im Garten in den Schuppen gesperrt hab, aber natürlich hat er es abends Dad erzählt. Er war so eine nervige Petze …« Ich schluckte und tastete nach Laurens kalten Fingern. »Trotzdem war er der großzügigste Mensch, den ich kannte. Viel zu weich für diese beschissene Welt.« Lauren rutschte noch ein Stück näher, sodass ich ihre Seite an meiner spüren konnte. Ihre Finger strichen unablässig über meinen Handrücken, und ihre Körperwärme hüllte mich ein. »Ich hasse mich selbst dafür, du kannst dir gar nicht vorstellen, wie sehr …« Meine Stimme brach, und ich räusperte mich, um weitersprechen zu können. »Er ist nur siebzehn geworden, er wollte studieren und hatte noch nie eine Freundin gehabt«, wisperte ich und sah sie nun doch an. Ihre glasigen Augen spiegelten meinen bekannten Schmerz exakt wider.

»Du kannst nichts dafür«, sagte sie, und ich schnaubte. Wenn sie nur wüsste …

»Doch! Genau genommen habe ich es herausgefordert! Oder wie nennt man es sonst, wenn man besoffen und zugedröhnt Auto fährt und dabei seinen kleinen Bruder umbringt?« Meine Stimme bebte, und der Hass auf mich selbst breitete sich überall in meinem Körper aus. Ich spürte, wie der Selbstekel meine Speiseröhre hinaufkroch und mir übel wurde. »Dad und mein Bruder Kane haben recht. Ich zerstöre alles! Ich hab es nicht verdient, dass mich jemand liebt. Deshalb war es auch besser, den Kontakt zu ihnen abzubrechen … zu allen!« Unruhig fuhr ich mir durch die Haare. »Ich könnte dir niemals die Sicherheit geben, die du brauchst. Ich werde auch dich zerstören, wenn auch nicht wissentlich, dann ganz sicher unbewusst«, flüsterte ich, weil ich es kaum über die Lippen bekam.

Ihre Hände legten sich auf meine Wangen, und sie zog mich zu sich. Ihr warmer Atem brach sich auf meinem Gesicht. »Du hast Liebe verdient! Du bist aufmerksam, fürsorglich und hast mich beschützt! Natürlich könntest du mir geben, was ich brauche! Ich weiß, dass du niemals Hand an mich legen würdest! Außerdem lass das mal meine Sorge sein, das zu beurteilen.«

»Du kennst mich gar nicht wirklich«, hauchte ich.

Ihre Daumen fuhren über meine Wangen. »Doch, ich habe dich kennengelernt. Den guten Shawn. Ja, es ist schlimm, was passiert ist, aber du wirst nicht mehr den gleichen Fehler machen. Irgendwann musst du dir die Chance geben, glücklich zu werden und nach vorne zu sehen. Du hast es verdient …« Sie verstummte, und eine Träne lief ihre Wange hinab. Mit der Hand an ihrem Nacken zog ich sie zu mir, und sie schlang ihre Arme fest um mich. Ihr leidenschaftlicher Kuss schmeckte salzig und elektrisierte mich trotzdem. Ohne sie umgab mich nur Dunkelheit. Ich brauchte sie, denn sie war die Einzige, die mich darin erreichte.

Atemlos lösten wir uns voneinander, aber ihr Mund verharrte noch knapp vor meinem. »Wo ist denn auf einmal dein dickes Ego hin, Rage Dawson?«, wisperte sie lächelnd.

»Du hast recht, ich bin schon ein ziemlich toller Typ, Bambi«, erwiderte ich wenig überzeugt und drückte ihr einen weiteren Kuss auf den Mund.

Auch wenn ich ihr fast glaubte, wurde mir eines mehr als bewusst: Ich würde sie nicht gefährden. Zu ihrem eigenen Schutz musste ich sie irgendwann verlassen, das stand fest.

Trotzdem war ich im Moment noch egoistisch genug, sie zu halten. Nur eine kleine Weile noch …

»Danke«, sagte ich leise, und sie strich mir mit dem Daumen über die Wange.

Seite an Seite sahen wir auf den Grabstein, und ihr Kopf ruhte an meiner Schulter. Sie hielt kurz die Luft an, bevor sie ein wenig schneller weiter atmete. »Meine Mum wurde von meinem Erzeuger misshandelt.« Ich spannte unkontrolliert die Muskeln an und hörte ihr einfach zu, so wie sie es bei mir getan hatte. »Das eine Mal war es ziemlich schlimm. Er wollte mich schlagen, weil ich zu spät nach Hause gekommen bin, da ist sie dazwischengegangen.« Lauren verstummte, und ich zog sie an der Taille enger an mich, obwohl das kaum möglich war. Als sie danach weitersprach, zitterte ihre Stimme. »Als er sie zu Boden geschubst hat, ist sie so unglücklich gestürzt, dass ihr Rückenmark beschädigt wurde. Sie wird ihr restliches Leben Schmerzen haben und nie lange stehen oder laufen können. Deshalb habe ich so reagiert, als du mich angeschrien hast. Du warst wie er …«

Mein Herz brach, als ich mich an diese Situation erinnerte, und ich drückte ihre zarten Finger, die in meinem Schoß lagen.

Bevor ich mich erneut entschuldigen konnte, redete sie weiter: »Doch ich habe das nur gedacht, als ich dich noch nicht richtig kannte. Ich möchte glauben, dass du nicht wie er bist.«

»Das bin ich nicht«, flüsterte ich. Ich konnte vieles nicht garantieren, aber dass ich Lauren niemals ein Haar krümmen würde, auf jeden Fall! Sie löste unsere Hände und streckte mir ihr Handgelenk hin. »Yin und Yang. Meine kleine Schwester und ich haben uns das zusammen stechen lassen. Es war ihre Idee. Ich hab sie vor unserem Vater beschützt, bin überall für sie eingesprungen. Ich habe das Studium angefangen, um uns da rauszuholen, und musste es beenden, weil wir kein Geld mehr hatten. Aber ich habe es sowieso niemals wirklich geliebt. Gini und ich haben irgendwelche Nebenjobs angenommen, bis ich die Möglichkeit gefunden habe, in dieser Praxis zu arbeiten. Kurz darauf hat sie Darren Malone kennengelernt. Sie dachte, es wäre einfacher, sich auf einen reichen Mann einzulassen. Am Anfang war das vielleicht auch so, er hat ihr Kohle zum Klamotteneinkaufen gegeben, ihr ein Auto gekauft. Sie hat das alles an uns weitergereicht. Er kam dahinter, und sie musste den Kontakt zu uns abbrechen. Seitdem schafft sie es, uns weiterhin heimlich Geld zu schicken, aber gesehen haben wir sie seit Monaten nicht mehr! Das kann es doch nicht sein. Das ist nicht die Antwort auf unsere Probleme! Er hält sie fest, ich weiß es ganz genau! Auch wenn sie gestern Abend etwas anderes behauptet hat! Sie war da gewesen, Shawn ...«

Meine Finger krallten sich in ihr Handgelenk, als ich daran dachte, was Malone für ein mieser Wichser war. »Wieso hast du das nicht früher gesagt?«, fragte ich.

Sie sah mich traurig an. »Du kannst nicht für mich deine Karriere aufs Spiel setzen!«

Meine Karriere ... die war bisher mein einziger Lebensinhalt gewesen. Aber jetzt hatte sich dieser verlagert.

»Wir holen sie da raus! Lauren, ich helfe dir ganz sicher!«

»Ich möchte nicht, dass du dir das auch noch aufhalst! Ich will nicht, dass du irgendetwas riskierst!«

Eindringlich legte ich eine Hand an ihre Wange, und sie schmiegte sich hinein. »Das war keine Frage. Ich zieh das durch, entweder mit dir oder ohne dich.«

Sie seufzte, aber diesmal ließ ich mich nicht durch ihre sture Art beirren. Ich half ihr, denn ich wollte sie nie wieder so traurig sehen wie jetzt. Gerade deswegen musste ich sie danach, auch wenn es mir unsagbar schwerfiel, gehen lassen. Sie würde glücklicher werden ohne mich. Das würden sie alle irgendwann. Es machte mehr Sinn, mich zu vergessen, als mit in die unaufhaltsame Lawine zu rutschen, die mich mit sich zog.

Kapitel 23

Lauren

Puddle Of Mud

Blurry

»Bis gleich«, sagte Shawn und gab mir einen Kuss, bevor er zurück zu seinem Zimmer schlenderte. Wir hatten zusammen zu Mittag gegessen. Uns Pizza auf mein Zimmer bestellt und zusammen ferngesehen. Wir sprachen nicht mehr viel über das, was auf dem Friedhof vorgefallen war, trotzdem war Shawn nachdenklich und zurückhaltend. Ich spürte, dass er irgendetwas plante, und empfand gleichermaßen Angst wie Anspannung.

Er hatte mir gesagt, ich solle mir etwas Nettes anziehen. Also schnappte ich mir einen schwarzen, kurzen Rock, eine ärmellose, cremefarbene Bluse und Ballerinas und setzte mich im Wohnzimmer wartend auf die Couch. Nervös tippte ich mit den Füßen im gleichmäßigen Rhythmus auf den Boden, bis endlich das erlösende Klopfen an der Tür zu hören war.

Als ich sie öffnete, stand Shawn vor mir, wie immer atemberaubend heiß. Ich war jedes Mal aufs Neue überrascht, was für eine Wirkung allein sein Anblick auf mich hatte.

»Komm.« Er ergriff meine Finger, und wir liefen zum Aufzug.

»Wo gehen wir hin?«

»Heute ist die Party für die Kämpfer.« Mit einer Hand an meinem Kreuz führte er mich ins Innere des Lifts.

»Und du denkst, Malone könnte dort sein?«

»Ja. Und wenn er es nicht ist, versuchen wir wenigstens, den Kopf freizubekommen.« Er presste mich an die Wand und drückte auf den Knopf für das Erdgeschoss. »Zumindest kurz so tun, als wäre alles normal. Ist das in Ordnung für dich?«

»Okay«, hauchte ich, und er lächelte mich an.

»In diesem knappen Rock siehst du umwerfend aus. Ich sollte dich einsperren«, wisperte er und fuhr quälend langsam mit der Hand an meinem nackten Oberschenkel nach oben. »Am liebsten hätte ich es, wenn du deine langen, perfekten Beine um meine Hüften schlingst …« Er stoppte die Bewegung und schob seinen Daumen bis zum Saum meines Höschens. Ich schloss die Augen, drückte mich ihm entgegen und atmete keuchend durch meine geöffneten Lippen. »Ich müsste nur deinen Slip zur Seite streichen und meine Hose öffnen …« Sein Finger fuhr weiter über den Stoff und kitzelte dabei leicht meine

Klit. Die Berührung war viel zu zart für das heftige Verlangen, das erneut in mir erwachte.

»Ich würde meinen Schwanz langsam in dich schieben, jeden Millimeter von dir genießen, um dich danach hart an dieser Wand zu nehmen.« Seine Fingerkuppe rieb schneller und mit mehr Druck über meinen pochenden Kitzler.

Ich stöhnte. »Dann tu es doch …«

»Selbst wenn ich dich gerade hatte, kann ich nicht genug von dir bekommen«, flüsterte er und begann meinen Hals bis zu meinem Ohr zu küssen. Oh Gott, es ging mir ganz genauso. Genüsslich summend rieb er seine wachsende Erektion an mir. »Du riechst so gut, wie du schmeckt.« Ich stand kurz davor, ihm einfach die Jeans runterzureißen und mich an ihn zu klammern, um seine eben gesagten Worte endlich wahr werden zu lassen.

Doch dann glitten die Türen auf, und er löste sich ruckartig von mir. »Dann müssen wir das wohl auf später verschieben«, sagte er amüsiert, und ich konnte ihm genau ansehen, dass er das geplant hatte. Er wollte mich um den Verstand bringen, aber dafür musste er eigentlich überhaupt nicht viel tun. Das verschmitzte Lächeln, das er mir nun zeigte, reichte völlig. Ich schnaubte frustriert.

Er zog mich an der Hand aus dem Lift, und wir liefen in die Tiefgarage, in der der gemietete Maserati stand.

»Wollen wir nicht ein Taxi nehmen?«, fragte ich, und er öffnete mir die Beifahrertür.

»Ich trinke heute nichts. Ich hab eine andere Droge gefunden.«

Oh. Das war mal etwas Neues, aber vor allem machte es mich verdammt glücklich. Es tat ihm gut, von dem ganzen Zeug wegzukommen, das er sich, ohne Rücksicht auf Verluste, jeden Tag reingekippt hatte. Nach einem letzten keuschen Kuss setzten wir uns in das Auto, und er fuhr los. Atlanta war eine wirklich beeindruckende Stadt im Gegensatz zu meinem Heimatort. Es waren in der sommerlichen Nacht immer noch warme zwanzig Grad, als wir die Fensterscheiben des Autos herunterließen und durch die gigantischen Häuserschluchten glitten. Wäre die Last, die auf unseren Schultern lag, nicht zentnerschwer gewesen, hätte ich nicht glücklicher sein können. Seine Finger legten sich auf meinen Oberschenkel, und ich ergriff sie, während *Puddle of Mudd Blurry* zum Besten gab, einen der wenigen rockigen Songs, die sogar ich gerne mochte.

Der Text sprach mir aus dem Herzen.

Irgendwann parkten wir vor einem Club und sahen hinüber zum Eingang.

»Alles okay?«, fragte Shawn.

Ich drehte mich zu ihm und musste lächeln. »Klar, lass uns Spaß haben.«

»Spaß ist immer gut, vor allem mit dir.« Er zwinkerte mir zu. Wir verließen das Auto, und er legte seine Hand auf meinen unteren Rücken. Ich fühlte mich gleich besser, wenn ich wusste, dass er bei mir war.

Im Club ging es ziemlich heiß her. Die Tanzfläche war komplett voll, und vor der Bar drängten sich die Menschen.

»Möchtest du etwas trinken?«, fragte er.

Ich nickte, und wir liefen zur Theke. Einige Minuten später hielt ich ein Corona in der Hand und Shawn tatsächlich eine Coke. Ich stellte mich auf die Zehenspitzen und hielt meinen Mund knapp vor sein Ohr. »Enthaltsamkeit? Das willst du wirklich durchziehen?« Ich schenkte ihm ein laszives Grinsen, und er erwiderte es. Ich spürte seine Hand an meinem Po, die mich leicht gegen ihn drückte. Schon wieder schoss die Lust in meine Lenden.

»Wer hat etwas von Enthaltsamkeit gesagt?«

»Sie haben schmutzige Gedanken, Mister Dawson. Ich meine den Alkohol«, tadelte ich ihn gespielt und rieb mich unauffällig an ihm.

Er schnalzte mit der Zunge. »Ich brauche keinen Alkohol, um die Nacht durchzumachen. Das müsstest du doch mittlerweile wissen.«

»Ich habe den Eindruck, du spielst nicht auf den Discobesuch an …«

Er zog mich enger an sich, und seine Hand rutschte meinen Po hinunter, bis knapp an den Saum meines Rockes. Nur noch ein Stückchen, und er würde meine nackte Haut berühren … Allein der Gedanken daran setzte mich in Flammen.

»Beides schließt sich nicht zwangsläufig aus. Hast du es schon mal an einem öffentlichen Ort getrieben?« Seine Stimme klang rau, und ich krallte mich in sein Shirt. Er senkte den Mund an mein Ohr. »Aber ich hab die Vermutung, das traust du dich ja doch nicht …«

Verschmitzt und herausfordernd sah er mich an, doch bevor ich etwas erwidern konnte, flackerte sein Blick an mir vorbei, und sein Körper verspannte sich. Hastig drehte ich mich um und sah ihn. Malone. Schluss mit der spielerischen Stimmung, denn er war tatsächlich hier. Neben ihm stand der Kämpfer, gegen den Shawn am Wochenende antreten musste. Auch er sah alles andere als harmlos aus und strahlte etwas aus, das mich sofort abstieß.

»Bleib hier, ich regel das«, sagte Shawn, ließ mich los und wollte sich an mir vorbeidrücken. Ich hielt ihn an seinem Shirt fest, und er sah mich fast wütend an. »Ich hab gesagt, bleib hier.«

»Es geht um meine Schwester! Denkst du, ich lasse dich das allein regeln?«

Er ging wieder einen Schritt auf mich zu, und mein Rücken drückte sich gegen den Tresen. Er machte mir schon lange keine Angst mehr, auch wenn er es gerade darauf anlegte. Ich wusste, dass er es nur tat, um mich zu beschützen.

»Es ist zu gefährlich!«

»Für dich! Wenn er dich herausfordert und du einknickst, was ist dann? Willst du dich mit ihm hier prügeln? Oder ihm Geld geben, von dem er ohnehin schon genug hat? Wie sieht dein Plan aus, Rage?«

Sein Kiefer mahlte. »Na gut«, brummte er. »Aber wenn einer von ihnen Hand an dich legt …«

»Werden sie nicht!«

Als wir auf die beiden zuliefen, sah ich mich um, doch Gini war nirgendwo zu sehen. Hoffentlich hatte er ihr nach dem Auftritt beim letzten Kampf nichts angetan.

»Malone«, knurrte Shawn, und der Angesprochene sah uns leicht amüsiert an.

»Rage! Was für eine Freude, und noch dazu mit der reizenden Lauren! Interessant, wie habt ihr zwei denn zueinandergefunden?«

»Wo ist Gini?«, blaffte ich. Ich hatte keine Lust auf Small Talk mit dem größten Widerling der Nation!

»Gini?« Er zog eine Augenbraue in die Höhe und entfernte einen imaginären Fussel von dem maßgeschneiderten Anzug, den er trug. Dieser Sawyer neben ihm gluckste abschätzig. Er sah aus wie ein glatzköpfiges Schwein. Seine Nasenspitze stand zu weit oben, der Nasenrücken war uneben und seine Augen so tief in den Höhlen, dass die buschigen Augenbrauen dunkle Schatten darauf warfen.

»Du hast eine Frage gestellt bekommen, beantworte sie«, knurrte Shawn und ballte die Fäuste. Ich wusste mittlerweile, dass das nichts Gutes bedeutete.

»Ach ja, sie ist zu Hause. Hatte heute keine Lust auf Party, das widerspenstige Ding.«

Ich trat einen Schritt auf ihn zu, aber Shawn stoppte mich blitzschnell mit seinem Arm. Reflexe hatte der Kerl …

»Lass sie gehen, und du bekommst keine Schwierigkeiten!«, sagte ich.

Malone lachte überheblich. »Schwierigkeiten? Von euch? Ginger ist freiwillig bei mir, weil wir uns abgöttisch lieben. Sie wird nirgendwohin gehen, sondern wie immer brav auf mich warten. Und wenn ich zurück nach Hause komme, werde ich sie vögeln. Irgendwann verliere ich vielleicht die Lust an ihr. Dann werde ich sie entsorgen oder ihr könnt sie haben, mir egal.«

Bevor ich etwas erwidern konnte, packte Shawn ihn schon am Kragen und zog ihn zu sich heran. Sein Griff wurde schraubzwingenartig immer enger, und Sawyer setzte bereits zum Sprung an. Doch Malone hob die Hand in seine Richtung. Wenn sie sich prügelten, war es das mit der Meisterschaft, das wusste er natürlich.

»Shawn!«, sagte ich und legte eine Hand auf seine Schulter. Er reagierte überhaupt nicht. »Er ist es nicht wert!«

»Hör lieber auf deine Kleine, Rage, sonst muss ich sie vielleicht auch noch vor dir retten. Sie fühlt sich bestimmt gemeinsam mit ihrer Schwester sehr wohl in meinem Bett. Heiß genug wäre sie auf jeden Fall.«

Shawns Körper zitterte vor Anspannung, als er die linke Faust hob und ausholte. »Nein!« Panisch zerrte ich an seinem Arm, doch er bewegte sich kein kleines bisschen. Ich drückte mich neben ihn, umfasste sein Gesicht und drehte es mit aller Gewalt zu mir. Dabei ignorierte ich Malones ironisches Lachen. Er wollte, dass Shawn ihn schlug, damit nur er von den Wettkämpfen ausgeschlossen wurde. Die Sehnen an Shawns Hals traten unnatürlich heraus, und ich hätte schwören können, dass sein Kiefer vor Belastung knackte.

»Shawn! Schau mich an! Los, verdammt!« Er hielt immer noch mit der Rechten Malones Kragen fest, doch langsam ließ er lockerer. »Sieh mich an!«, sagte ich deutlicher und sah, wie sein linker Arm im Zeitlupentempo nach unten sank. »Ich bin da!«

Kapitel 24

Shawn

Foo Fighters
The Pretender

»Sieh mich an! Ich bin da!«, sagte sie immer wieder, und der Rausch, der meinen Körper erfasst hatte, flachte ab. Langsam, aber stetig. Ich konzentrierte mich auf Laurens Gesicht, ihre rehbraunen Augen mit den grünen Sprenkeln und ihre warme Stimme. Malone wollte mich provozieren, genauso wie Sawyer es in der Vergangenheit versucht hatte. Sie hatten mächtig Schiss vor dem Kampf am Wochenende und wollten mich unbedingt aus dem Weg schaffen. Doch der Gedanke an Lauren und Malone hatte all meine Vernunft einfach weggewischt. Er sollte seine dreckigen Worte zurücknehmen, und wenn er das nicht tat, sie zumindest bereuen! Trotzdem hatte Lauren recht. Er war es nicht wert.

Ruckartig ließ ich Malone los und gab ihm einen Schubs nach hinten, während ich immer noch Lauren ansah.

»Gut so. Bleib bei mir«, wisperte sie, und ich öffnete die verkrampften Fäuste. Meine Finger schmerzten dabei.

»Braver Rage! Du bist ja ein ganz schönes Schoßhündchen deiner Schlampe geworden.« Malone lachte, und ich sah ihn wieder an, jedoch deutlich beherrschter. Auch wenn ich Schwierigkeiten hatte, seine letzte Bemerkung zu ignorieren. Ich würde ihm, sosehr ich es auch wollte, keine verpassen. Nach dem Kampf, wenn alles vorbei war und ich den Meisterschaftstitel hatte, würde ich darauf aber ganz sicher zurückkommen. Er würde sich wünschen, niemals den Mund in unserer Nähe aufgemacht zu haben.

»Hört zu, weil ich ein wirklich großes Herz habe«, sagte Malone und legte seine Hand an die Stelle, an der sich wahrscheinlich ein riesengroßes, schwarzes Loch befand, »schlage ich euch einen Deal vor. Wenn du den Kampf am Samstag gewinnst, bekommt ihr Ginger zurück. Ich lasse sie in Ruhe, kein Ding, so toll ist sie auch nicht. Aber wenn du verlierst, dann könnt ihr nicht nur Schwesterherz vergessen, du, Rage, wirst aufhören. Du wirst offiziell verkünden, aus dem Sport zurückzutreten und alle deine Titel, die du jemals erhalten hast, nicht mehr anerkennen. Du wirst ein Nichts sein! Ich will dich nie wieder in irgendeiner Halle oder in der Nähe eines verschissenen Käfigs sehen!« Lauren zog neben mir zischend die Luft ein. Ja, es war mein Leben, aber es war sowieso wertlos. Außerdem war es erst recht nichts im Vergleich zum Leben ihrer Schwester. Es wäre tatsächlich eine Möglichkeit, sofern sich Malone auch wirklich daran hielt. Denn bei allem, was mit diesem Penner zu tun hatte, hatte ich ein beschissenes Gefühl.

»Wieso sollte ich dir Mistkerl trauen?«, fragte ich knurrend, und Malone schnippte mit dem Finger. Im fast gleichen Moment stand ein schmaler, noch recht junger Typ hinter ihm und sah ihn mit großen Augen an. Wahrscheinlich ein neuer Zögling. Armer Kerl.

»Jaden, hol mir zwei Zettel und einen Stift.« Ich zog die Augenbraue hoch, als der Junge losrannte und kurz darauf mit dem Gewünschten zurückkam. Malone kritzelte irgendetwas darauf und hielt es mir unter die Nase.

»Ein Vertrag?«, sagte ich spöttisch.

»Natürlich. Du traust mir nicht, und ich traue ganz sicher dir nicht. Wenn ich nichts gegen dich in der Hand habe, wirst du niemals zurücktreten.«

»Komm, Shawn, wir kriegen Gini auch anders da raus«, flüsterte Lauren eindringlich und versuchte, meine Aufmerksamkeit auf sich zu lenken. Doch ich war fest davon überzeugt, dass dies der schnellste Weg war, ihre Schwester tatsächlich aus den dreckigen Fängen Malones herauszubekommen.

Ruppig riss ich Malone die Papiere aus der Hand, überflog den Text, setzte meinen Namen darunter und hielt ihm eines wieder hin. »Deal.« Mit einem überlegenen Grinsen nahm er das Blatt entgegen, während ich das andere in meine Gesäßtasche stopfte und die eiskalte Gänsehaut unterdrückte, die mir dabei den Nacken hinaufkroch.

»Aber …« Ich hob die Hand auf Laurens erneute Einwände und hielt meine Finger dafür Malone hin. Er schlug ein, und ich entzog sie ihm ruckartig. Ich wollte ihn nicht länger anfassen als nötig.

Ich legte meine Hand an Laurens Rücken und drückte sie wortlos Richtung Ausgang. »Aber, Shawn …«

»Jetzt nicht«, zischte ich und lief schneller. Malone war, neben Sawyer, der größte Drecksack auf der gesamten Erde. Ich würde sie beide am Samstag so was von fertigmachen. Ich würde Sawyer im Käfig verrecken lassen. Niemals könnte ich zulassen, dass Malone ihre Schwester einen Tag länger bei sich behielt und somit Lauren noch mehr Kummer bereitete als ohnehin schon.

Ich stoppte erst vor dem Auto, zog die Tür auf und drückte Lauren, sanft, aber bestimmt in den Wagen. Als ich ebenfalls Platz genommen hatte, startete ich und fuhr mit quietschenden Reifen an. Mein Kiefer schmerzte, weil ich meine Zähne die ganze Zeit über aufeinandergepresst hielt. Meine Finger verkrampften sich um das Lenkrad, und ich stellte mir vor, wie meine Faust in Malones Gesicht krachte. Wie schön es wäre, meine Wut einfach freizulassen und den Mistkerl zu erledigen. Und dann nähme ich mir Sawyer vor. Jeden seiner Knochen einzeln.

»Sprich mit mir«, sagte Lauren, und ich schüttelte den Kopf. Ich konnte jetzt nichts sagen, denn ich hatte genug Mühe damit, mich unter Kontrolle zu halten.

Nie wieder kämpfen … Nie wieder kämpfen …

Ich hatte zugesagt, es war zu spät, doch was würde wirklich aus mir, wenn ich verlor? Mein bisheriges Leben würde sich in Luft auflösen, der einzige Lebensinhalt der vergangenen Jahre bei einer Niederlage verpuffen. Das durfte nicht passieren. Ich musste gewinnen. Ich würde gewinnen!

»Shawn! Sag doch endlich etwas! Du hättest das nicht tun müssen, wir hätten doch zur Polizei gehen können, oder …«

»Still!«, zischte ich und sah im Augenwinkel, wie sie trotzig die Arme vor der Brust verschränkte.

»Das kann nicht dein Ernst sein! Wieso lässt du dich auf so was Bescheuertes ein!«, schrie sie nun schrill, und ich hielt kurz die Luft an. »Er wird alles daransetzen, dich fertigzumachen, und dann ist niemandem geholfen! Du wirst alles verlieren!«

Okay, sie wollte es nicht anders. Ruckartig bog ich in eine Seitenstraße ab und hielt mit quietschenden Reifen an. Ich lehnte mich zu Lauren, öffnete ihren Sicherheitsgurt, meinen hatte ich gar nicht erst angelegt, und zog sie an mich. »Küss mich«, knurrte ich rau und presste die Lippen auf ihre. Sie zögerte, aber ich wollte nicht sprechen. Der einzige Moment, in dem ich nicht an mein verkorkstes Leben dachte, war, wenn ich sie küssen konnte oder in ihr steckte. Und genau das brauchte ich jetzt, um nicht wahnsinnig zu werden. Während ich fast grob die Zunge in ihren Mund schob, fasste ich unter diesen verdammt kurzen Rock, der mich schon den ganzen Abend verrückt gemacht hatte. Mit dem Zeigefinger strich ich über den Stoff ihres Slips, drückte gegen ihren Eingang und spürte, wie sich bereits jetzt Feuchtigkeit dort sammelte.

»Shawn …« Mit meinem Namen versuchte sie, mich ein letztes Mal zum Sprechen zu bringen, aber ich setzte meinen Mund an ihren Hals und biss in die zarte Haut.

»Ich brauche dich jetzt, nur dich«, keuchte ich. »Hilf mir zu vergessen. Ich schaffe das sonst nicht …«

Sie öffnete mit zittrigen Fingern meine Gürtelschnalle und meine Hose. Als ihre Hand in meinen Boxershorts verschwand, legte ich den Kopf in den Nacken und genoss das Gefühl ihrer Finger, die entschieden meinen Schaft umschlossen. Als ich die Augen öffnete, erwiderte sie meinen Blick, leckte sich einmal über die sinnlichen Lippen und senkte mit verschleiertem Ausdruck den Kopf. Oh nein, das brachte mich um!

Sie drückte meinen Schwanz komplett aus der Jeans und leckte kreisend um meine Eichel. Ich sah ihr dabei zu, wie er tiefer in ihrem Mund verschwand, bis sie ihn langsam hinausgleiten ließ. Unablässig wiederholte sie das Spiel, saugte zwischendurch an meiner Spitze und stöhnte genüsslich. Ihre Finger umfassten fest den Ansatz und massierten meinen Schwanz parallel zu ihrem göttlichen

Mund. Als ich an ihren Rachen anstieß, konnte ich mich nicht mehr beherrschen.

»Fuck«, presste ich heraus, umschloss ihr Haar mit meiner Hand und steuerte ihre Bewegungen. Immer wieder sah ich, wie sie mit der Zunge über meinen Schwanz leckte und sich ihre rosigen Lippen eng darum spannten. Immer tiefer nahm sie ihn auf, immer schneller wurden ihre Bewegungen, immer lauter mein Keuchen. Ich war nicht mehr Herr über meinen Körper. Meine Hand beherrschte takt- und rücksichtslos ihren ohnehin schon schnellen Rhythmus. Ich sah über ihren wundervollen Körper, den kurzen Rock, der sich halb über ihren Hintern geschoben hatte, während sie über mir lehnte. Mit der freien Hand fuhr ich die Konturen ihres Rückens hinunter und schob sie unter den Stoff. Ihr Po war göttlich und schmiegte sich in meine Handfläche, bevor ich mit den Fingerkuppen zu ihren Schamlippen glitt. Sie saugte hingebungsvoller und noch kräftiger. Daran spürte ich, dass ihr meine Berührungen gefielen, und strich wieder ein Stückchen zurück, bevor die komplette Konzentration zu meinem Schoß wanderte.

»Baby, wenn du nicht willst, dass …«, presste ich mühsam hervor, aber ihr Griff wurde noch fester. Sie wollte mich, alles von mir, und mit dem Gedanken an die perfekteste Frau, die mir je untergekommen war, ließ ich mich fallen. Ich kam heftig, legte keuchend den Kopf gegen die Nackenstütze und presste mich tiefer in den Sitz. Sie ließ erst von mir ab, als ich meinen unfassbaren Höhepunkt vollständig ausgekostet hatte. Dankbar und völlig erschöpft lächelte ich sie an. »Das war unglaublich«, raunte ich heiser, und sie gab mir einen Kuss auf den Hals.

»Jetzt fahr zurück ins Hotel«, sagte sie und schenkte mir ein Lächeln, das ich nicht erwidern konnte. Die Erinnerung fegte durch meinen Kopf, der Deal war angenommen und meine Entscheidung gefallen. Die Zeit war gekommen, Lauren nun tatsächlich zu beschützen und zu ihrer Sicherheit fortzuschicken. Das Risiko, dass etwas schieflief und Malone nicht nur Gini, sondern auch Lauren mit reinzog, um mich zu verletzen, war zu groß. Auch wenn es mich innerlich zerriss, während ich daran dachte, wieder allein zu sein. Ohne mein Licht in der Dunkelheit.

Kapitel 25

Lauren
Frances
What Is Love?

Auch wenn ich wusste, dass Shawn mich gebraucht hatte, um nicht erneut in sein altes Muster zu verfallen und irgendetwas zu demolieren, war das letzte Wort noch nicht gesprochen. Er hätte diesen dämlichen Deal niemals eingehen sollen! Wir hätten zur Polizei gehen können, oder Sam und Rob um Hilfe bitten … Irgendetwas wäre uns schon eingefallen! Ich war unfassbar wütend darüber, dass er einfach zugesagt hatte, ohne mit mir vorher zu sprechen.

Nun betraten wir mein Zimmer, und ich blieb im Raum stehen, während Shawn in das Schlafzimmer stürmte.

»Wo ist dein Koffer?« Verwirrt folgte ich ihm und lehnte mich an den Türrahmen. Ich beobachtete skeptisch, wie er den Schrank aufriss.

»Was machst du da?«, fragte ich, aber er ließ sich nicht beirren.

»Packen.«

»Das sehe ich, aber wozu?« Ich verschränkte die Arme vor der Brust.

»Weil du nach Hause fliegst!«

Hatte ich mich gerade verhört? »Wie bitte?«

Er brummte irgendetwas, warf dann meinen Koffer auf das Bett und schmiss meine Klamotten wahllos hinein. »Dort bist du sicherer. Malone wird dieser Deal nicht genügen. Wenn ich ihn besiegt habe, und das werde ich, wird er mich weiterhin aus dem Weg schaffen wollen. Und dafür wird er dich benutzen, ihm ist alles zuzutrauen. Das Risiko ist einfach zu groß!«

Ich ging zu ihm, während er immer noch wie wild geworden zwischen Bett und Schrank wütete. Als ich nah neben ihn trat, blieb er stehen, erwiderte meinen Blick jedoch nicht. Ich legte vorsichtig eine Hand auf seinen Oberarm, den er sofort anspannte.

»Shawn, ich werde nirgendwo hingehen«, sagte ich so fest, wie ich konnte. Was dachte er denn? Dass ich ihn damit allein ließ? Wäre ich heute Abend nicht gewesen, wäre er vollends ausgerastet! Außerdem ging es um meine Schwester! Eigentlich war ich es, die ihn da raushalten sollte.

»Du brauchst mich!«, sagte ich, und er kommentierte es nur mit einem Schnauben. Er lief an mir vorbei ins angrenzende Badezimmer, und ich stapfte ihm hinterher. »Stopp! Was ich zu tun und lassen habe, entscheide immer noch ich!«, blaffte ich ihn an und versuchte, meinen Kosmetikbeutel seinem eisernen Griff zu entziehen.

»Du weißt nicht, was du sagst … Du kennst Malone nicht!«, entgegnete er ebenso bissig und sah mich wütend an. »Ich werde dich nicht einer solchen Gefahr ausliefern! Wenn ich trainiere oder kämpfe, kann ich nicht auf dich aufpassen! Zuhause. Bist. Du. Sicherer.«

»Nein!«

»Du stures Weib!«, schrie er, ließ den Beutel los und fuhr sich hilflos durch die Haare. Mein Herz krampfte sich bei dem Gefühl zusammen, wirklich gehen zu müssen. Nicht nur weil ich Gini dann nicht selbst helfen konnte, sondern auch weil Shawn dann wieder allein war. Sam und Rob kamen nicht an ihn heran, jetzt noch weniger, nachdem er sich in den Kopf gesetzt hatte, Sawyer und Malone fertigzumachen. Dass er sein Versprechen einlösen würde, war mir klar, die Frage war nur, wie. Er würde sich selbst dabei zerstören, er brauchte mich, genauso wie ich ihn brauchte. Verdammt, ja, ich wollte mir nicht vorstellen, auch nur einen Tag von ihm getrennt zu sein.

Er kam zu mir und baute sich vor mir auf. »Dein Dickkopf ist mir scheißegal! Du weißt überhaupt nicht, worauf du dich einlässt! Wenn Malone dir nichts tut, dann …« Er stockte und senkte den Blick, danach sah er mich wieder an und meine Finger verkrampften sich um den Beutel. Sein schmerzerfüllter Ausdruck war kaum zu ertragen. »Dann bin ich es!

Ich werde dir wehtun! Bist du scheiße noch mal zu blind, es zu sehen?«, schrie er, und ich zuckte zusammen. Ich wusste genau, was er da gerade tat, und das konnte er so was von vergessen!

»Du wirst mich nicht wegschubsen! Das lasse ich nicht zu!«, tobte ich mit bebender Stimme.

»Wieso verstehst du nicht, dass ich nicht gut für dich bin!« Der drohende Ton ging mir durch Mark und Bein, und ich kämpfte um meine Stimme.

»Ich lasse dich nicht allein! Ich liebe dich!«

Er erstarrte und fixierte mich geschockt. Der Kosmetikbeutel glitt mir aus den Händen. Langsam hob ich die Finger an meine Lippen. Die Stille in dem kleinen Badezimmer war fast nicht auszuhalten und meine Worte hallten förmlich wie ein Echo von den Kacheln der Wände wider. Hatte ich das wirklich gesagt? Ich hatte selbst überhaupt noch nicht darüber nachgedacht, und jetzt war es einfach aus mir herausgeplatzt. Gänsehaut überzog meinen Körper, als sich Shawn immer noch nicht rührte. Seine hellblauen Augen musterten mich nur verwirrt, als könnte er nicht fassen, was ich geradezu hinausgeschrien hatte.

»Ich … es …«, stotterte ich. »Es ist mir rausgerutscht …« Ich wandte den Blick ab. Wieso war es mir nun so unangenehm? Sollte ich nicht mit Stolz behaupten, dass ich mich in ihn verliebt hatte? Ich sollte mich freuen, dass ich mir meiner Gefühle nun sicher war. Doch wieso kroch die Scham langsam in mir hoch und ließ meine Wangen glühen? Ich wusste, wieso. Er fühlte nicht genauso. Denn er wollte mich zurückschicken, mich verlassen und bewegte sich immer noch nicht. Es tat weh, am eigenen Leib zu spüren, dass er nicht für so etwas wie Liebe geschaffen zu sein schien. Ganz genau, wie er es gesagt hatte.

»Lauren …« Sein raues Flüstern war kaum zu verstehen.

»Du musst nichts erwidern. Es ist okay.«

Kopfschüttelnd trat er endlich vor mich, legte seine Hände an meine Taille und hob mich mit einem Ruck auf den Waschtisch. Er stellte sich zwischen meine geöffneten Beine und zog mich an sich.

Und dann küsste er mich. Zärtlich, liebevoll und so innig, dass mir die Tränen in die Augen schossen und sich ein dicker Klumpen in meinen Hals setzte. Eine Hand schmiegte sich zart an mein Gesicht, mit der anderen umfasste er haltgebend meinen Rücken, und seine Zunge strich sanft über meine. Er musste es nicht sagen. Ich fühlte es, spürte es mit meinem gesamten Körper, mit jeder Faser, jedem gemeinsamen Atemzug, den wir machten. Zwischen unseren Küssen schmeckte ich meine eigenen salzigen Tränen, bis wir uns wieder lösten und er mir stumm die Feuchtigkeit mit dem Daumen von den Wangen strich.

Er schluckte einmal, löste sich von mir und schnappte sich den Kosmetikbeutel vom Boden. Als er aus dem Badezimmer lief, stürmte ich ihm hinterher. Hatte er verdammt noch mal nicht verstanden, dass ich hierblieb?

»Ist das dein Ernst?«, tobte ich.

»Du gehörst zu mir, du solltest auch bei mir schlafen …«, murmelte er, schloss meinen fertig gepackten Koffer und hielt mir die Hand hin. »Kommst du?«

Lächelnd ergriff ich sie und folgte ihm in unsere Suite.

***

Wir konnten nicht schlafen. Nackt lagen wir in dem breiten Doppelbett, ich hatte meinen Kopf auf Shawns Brust abgelegt, und er streichelte mir über den Rücken.

»Möchtest du mir von deinen Eltern erzählen?«, fragte ich sanft. Ich wusste nun zwar, was vorgefallen war, aber immer noch nicht, wie sich das alles entwickelt hatte. Er schien keinen Kontakt zu ihnen zu haben, so wie sein Bruder auf ihn reagiert hatte.

»Dass mein Dad Boxer war, hatte ich ja schon erzählt.«

»Wie sind sie so?«

Seine Hand verharrte kurz, dann strich er weiter. Die Decke lag nur knapp über seiner Hüfte, und ich fuhr mit den Fingerspitzen die Konturen seiner makellosen Bauchmuskeln und die dunklen Linien seiner Tätowierungen nach. Er war wirklich perfekt.

»Meine Mum liebte Lilien. Früher hatte sie immer das komplette Haus damit vollgestopft, bis mein Dad geschimpft hatte, dass alles danach stank.« Er sah an die Decke und wirkte für einen kurzen Moment glücklich. »Bis das mit Tommy und mir passiert ist … nach dem Unfall hat sie keine mehr gekauft …«

»Es tut mir so leid«, flüsterte ich, und er drückte mich enger an seine Seite.

»Mein Dad war ziemlich streng. Wir durften niemals auch nur ein Training ausfallen lassen. Es gab keine Ausreden, keine Schwimmbadbesuche bei vierzig Grad, und keine Klassenarbeit war so wichtig wie der Sport …«

»Das hört sich furchtbar an. Hast du nicht vermisst, das tun zu können, was du willst?«

Er lachte trocken auf und spielte mit einer meiner Haarsträhnen. »Nein, es war genau das, was ich wollte. Das Kämpfen hat mir alles bedeutet, genauso wie meinem Bruder Kane.«

»War Kane schon immer so …« Ich wusste nicht, welches Wort ich am besten wählen sollte.

»So scheißgemein? Nein. Er weiß nur, dass ich schuld daran bin, dass unsere Familie auseinandergebrochen ist. Und er hat recht.«

»Aber konnte er dir niemals verzeihen? Oder deine Eltern? Hast du nicht versucht, mit ihnen zu sprechen?«

»Wieso? Ich hab jeden Zorn verdient. Es war besser, mich von ihnen zurückzuziehen.«

Seine Hand verharrte für einen kleinen Moment, dann drehte er meine Locke weiter um seinen Finger.

»Haben deine Eltern nicht versucht, Kontakt zu dir aufzunehmen?«

Er seufzte, anscheinend fiel es ihm schwer, darüber zu reden. Deshalb war ich ihm doppelt dankbar, dass er es trotzdem tat. »Es gab einen riesigen Krach. Kane ist auf mich losgegangen, und wir haben das halbe Wohnzimmer mit unserem Kampf demoliert. Mein Dad wollte uns auseinanderbringen, und ich hab ihn im Eifer des Gefechts im Gesicht erwischt. Danach ist Dad verständlicherweise richtig ausgerastet, und ich konnte das Weinen meiner Mum nicht mehr ertragen. Ich hab den Kontakt von mir aus abgebrochen, weil es ihnen allen besser geht ohne mich.«

»Wieso sagst du das? Deine Mum vermisst dich doch bestimmt.«

»Vielleicht ...« Er kaute auf seiner Unterlippe, und ich legte meine Hand flach auf die Stelle, an der sein Herz kräftig schlug. Seine Haut strahlte wie immer eine ungeheure Hitze aus.

Ich hörte ein Brummen und hob den Kopf. Es kam eindeutig aus meiner Handtasche. Ich hatte ganz vergessen, mich heute bei Hunter zu melden.

»Willst du nicht drangehen?«

»Ach, es ist sicherlich nur Hunter.« Shawn sah mich an, und ich musste über seinen eifersüchtigen Blick laut lachen. »Hunter würde eher ein Auge auf dich werfen. Er ist wahrscheinlich der schwulste beste Freund auf dem gesamten Planeten!«

Seine Miene lockerte sich, und ich grinste noch immer. Schon wieder brummte es in meiner Tasche. Widerwillig stand ich auf und holte mein Handy hervor. Auf dem Display war eine mir unbekannte

Nummer zu sehen, die im gleichen Moment schon wieder auflegte.

»Komisch, den Anrufer kenne ich nicht …«

Shawn setzte sich auf. »Soll ich ihn zurückrufen?«

Ich winkte ab. »Ich mach das schon.« Doch bevor ich wählen konnte, ging erneut ein Anruf ein, und ich hielt mir das Telefon ans Ohr.

»Hallo?«

Ich hörte dumpfes Rauschen und runzelte die Stirn. »Hallo?«, wiederholte ich, bis ich ein Knacken und Geraschel in der Leitung vernahm.

»Lauren?«

Unwohle Gänsehaut kroch mir die Arme hinauf, als ich die brüchige Stimme zuordnen konnte. »Gini? W-wo bist du?«, stotterte ich außer mir und sah Shawn an, der sich bereits aufgesetzt hatte und jede meiner Regungen beobachtete.

»Ich weiß es nicht.« Sie schniefte, und ich hörte an den Hintergrundgeräuschen, dass sie rannte.

»Gini! Sag mir, was los ist und wo du bist! Ich komme dich jetzt holen!« Deal hin oder her! Malone konnte mich mal, er hatte seine Chancen verspielt! Außerdem war es mir ganz recht, dann würde Shawn vielleicht aus dieser Lage herauskommen.

»Ich muss hier weg, Laurie!«, schluchzte sie panisch, und ich schloss kurz die Augen, um mich zu sammeln. Ich musste einen klaren Kopf behalten, wenn wir sie da heil herausbekommen wollten.

»Ginger, hör mir zu! Du schickst mir jetzt deinen Standort auf mein Handy und versteckst dich irgendwo! Wir sind gleich da!«

Shawn stand bereits mitten im Zimmer und zog sich hastig eine Jeans und ein Shirt über.

»Gini?« Es knackte in der Leitung, dann war nichts mehr zu hören. Mit Tränen in den Augen sah ich ungläubig auf das Display. Ich drückte auf die Wahlwiederholung. Es klingelte, aber niemand hob ab. »Verdammt, geh ran!«, fluchte ich und spürte Shawns Hand auf meiner Schulter, die mich beruhigend festhielt. Unruhig drückte ich ihm mein Handy in die Hand und zog mir schnell etwas über. Wenn Gini den Standort schickte, sollten wir keine Zeit verlieren. »Sie war es … Er … Malone …«, stotterte ich aufgeregt, und Shawn sah mich bedauernd an.

»Wir finden sie!«, sagte er überzeugt. Als ich den erstbesten Pullover, den ich entdecken konnte, über den Kopf streifte, gab mein Handy das Geräusch einer ankommenden Nachricht von sich, und Shawn drückte auf das Display.

»Hier ist es! Los, wir haben sie!«, sagte er und lief bereits zur Tür. Mit klopfendem Herzen folgte ich ihm und unterdrückte die aufkommende Panik darüber, was uns an dem Ort erwarten würde.

***

Shawn fuhr in einem rasenden Tempo durch die Stadt, während ich die gesamte Zeit auf mein Handy starrte und ihm den Weg wies. Meine Hände zitterten, sodass es mir äußerst schwerfiel, das Telefon überhaupt festzuhalten, und Übelkeit stieg in mir auf. »Ich bin ein Fels«, murmelte ich den Spruch, den ich in meiner Jugend immer von Hunter gehört hatte, um mir selbst Mut zuzusprechen, glaubte es aber selbst nicht. Ich hatte Angst. Wahnsinnige, rasende Angst, die mich fast umbrachte. Noch nie hatte ich so etwas gefühlt.

Beruhigend drückte Shawn mein Bein, als wir an einer roten Ampel stehen bleiben mussten. »Es wird alles gut, ich bin da«, sagte er immer wieder, und zu gerne hätte ich ihm Glauben geschenkt. Aber was wollte er ausrichten, wenn Malones Männer dort auf uns warteten? Weil er den Deal doch platzen lassen wollte und es eine Falle war? Es könnte alles passieren, und wir waren kein Stück darauf vorbereitet. Ich dachte daran, die Polizei zu rufen, allerdings würde das unnötig Zeit kosten. Bis eine Aussage gemacht worden wäre oder die Beamten mir überhaupt glaubten, weil es keine Beweise gab, dass Gini festgehalten wurde, könnte alles schon zu spät sein!

Glücklicherweise war die Adresse nicht weit von unserem Hotel entfernt, allerdings etwas außerhalb der Stadt. Mein Magen rumorte immer mehr, als wir den Highway verließen und auf eine geschotterte Straße abbogen.

»Glaubst du, sie ist allein?«, fragte ich und wusste insgeheim, dass ich die Antwort überhaupt nicht wissen wollte.

»Wenn nicht, kriegen wir das auch hin«, sagte er, und ich bewunderte seinen Optimismus. Die Scheinwerfer gaben alles, während es um uns immer düsterer wurde. Immer wieder spähte ich auf das Display. Nur noch wenige Meter. »Stopp! Hier ist es!«, sagte ich und versuchte, etwas in der Dunkelheit zu erkennen. Doch ich hatte keine Chance. Shawn zögerte nicht und stieg direkt aus. Ich folgte ihm, und wir schalteten die Lampen unserer Handys ein.

»Gini?«, fragte ich vorsichtig und ging einen Schritt auf ein kleines Wäldchen zu. Ich spürte Shawns schützenden Körper hinter mir und wurde mutiger. »Gini?«, rief ich nun lauter und ging weiter. Noch nicht mal Sterne oder der Mond waren am Himmel zu sehen, die uns hätten Licht spenden können. Die Nacht war genauso düster, wie es in mir gerade aussah. »Wo ist sie?«, fragte ich verzweifelt und Shawn ging an mir vorbei direkt an den Waldrand. Wir blieben kurz stehen und lauschten angestrengt. Eine Eule war in einiger Entfernung zu hören, danach ganz leises Geraschel im Unterholz. Mir wurde immer mulmiger zumute, und die Angst lähmte fast meinen Körper. Doch der Drang, Gini endlich zu finden, war weitaus größer.

»Da, hast du das gehört?«, fragte Shawn leise, und ich schüttelte den Kopf. Ich versuchte weiter, jedes Geräusch in unserer Umgebung einzufangen, bis ich auf einmal eine leise Stimme vernahm.

»Da! Gini!«, schrie ich und lief in die Richtung, in der ich sie vermutete. »Gini!«, wiederholte ich immer und immer wieder und leuchtete hektisch zwischen den Bäumen umher.

»Laurie.« Eine keuchende Stimme ließ mich aufhorchen. Sie war nicht weit. Und es war sie! Unverkennbar!

Plötzlich erregte etwas in meinem rechten Augenwinkel meine Aufmerksamkeit, und ich drehte den Kopf hastig in die Richtung. Shawn stand dicht neben mir.

»Großer Gott!« Meine kleine Schwester lehnte mit dem Rücken an einem breiten Baum. Ihr Gesicht war völlig entstellt, ihre Kleidung zerrissen und blutdurchtränkt. Ein Schluchzer entrang sich meiner Kehle, als ich auf sie zustürzte und sie vorsichtig an mich zog. Verzweifelt klammerte sie sich an mir fest und begann laut zu schluchzen. Mein Herz zerriss in diesem Moment in tausend Teile.

»Laurie«, wimmerte sie immer wieder, und ich strich ihr beruhigend über den Rücken, während ich meinen Tränen freien Lauf ließ.

Shawn legte seine warme Hand auf meine Schulter. »Komm. Wir müssen sie ins Krankenhaus bringen«, sagte er sanft, und ich löste mich widerwillig von ihr. Shawn trat näher an sie heran und nahm sie vorsichtig auf seine Arme, um sie zurück zu unserem Auto zu tragen. Was hatte Malone ihr angetan? Und wieso? Ich legte die Finger auf meine Lider, um das heiße Brennen zu lindern, das mich schier durchdrehen ließ.

Wenn sie im Krankenhaus war, würde alles gut werden. Ganz bestimmt. Es musste so sein!

Kapitel 26

Shawn
Bastille
Oblivion

»Entschuldigen Sie, können Sie uns schon etwas Neues sagen?«, fragte ich die Frau hinter dem Empfangstresen bereits zum dritten Mal. Die Warterei hier draußen in dem Vorraum machte uns wahnsinnig, während wir nicht wussten, ob es Ginger gut ging. In meinem Arm hielt ich immer noch Lauren, deren kompletter Körper zitterte und die sich haltsuchend an mich klammerte. Obwohl Sommer war, trug sie meinen dicken, grauen Kapuzenpullover und fror trotzdem. Ich machte mir Sorgen, denn ihr Gesicht war unnatürlich blass. Selbst ihre kleinen Sommersprossen schienen verschwunden zu sein.

»Ich schaue sofort nach«, antwortete die Schwester und tippte etwas in ihren Computer ein.

Ich lehnte mich zu Lauren und hob mit einem Finger ihr Kinn an. »Baby, es wird alles gut, okay?

Wir kriegen das hin! Deine Schwester wird wieder gesund!«

Lauren nickte halbherzig, während die Frau uns den aktuellen Status mitteilte. »Sie ist jetzt so weit. Ich sage Dr. Hills Bescheid, dann wird er Sie in die Station begleiten.«

»Danke!«, sagte ich erleichtert, als die Schwester uns den Weg erklärt hatte, und auch Lauren atmete kurz auf.

Wir liefen den Flur entlang, fuhren zwei Stockwerke nach oben und machten vor einer Glastür halt, auf der »Nur für Befugte« stand. Lauren drückte sich von mir weg und tigerte wie ein eingesperrtes Tier unruhig auf dem Gang hin und her.

»Miss Brooks?«

»Ja?« Lauren sah den Arzt aufmerksam an, der nun vor uns stand.

»Dr. Hills mein Name, ich habe Ihre Schwester behandelt, als sie eingeliefert worden ist.«

»Wie geht es ihr?«, fragte Lauren mit dünner Stimme und unterdrückte einen Schluchzer. Ich lief zu ihr und legte den Arm um ihre Taille.

»Ihre Schwester hat einige Verletzungen davongetragen. Prellungen, Rippenbrüche und einige Schürfwunden.«

»Großer Gott«, flüsterte Lauren und hielt sich die Hand vor den Mund.

Ich fühlte mich so hilflos. Gerne hätte ich ihr den Schock und die Trauer, die sie bestimmt gerade durchmachte, abgenommen, aber ich wusste nicht, wie.

»Es geht ihr den Umständen entsprechend. Sie schläft jetzt, aber Sie können zu ihr. Ich begleite sie dorthin«, erwiderte Dr. Hills und deutete Richtung Station.

»Ich lasse dich kurz mit ihr allein, okay? Schaffst du den Weg?«, fragte ich sanft, und Lauren nickte. Sie brauchte die Zeit mit ihrer Schwester, es war eine Familienangelegenheit, bei der ich nichts zu suchen hatte. Langsam löste ich meine Hände von ihr, und sie stand wackelig da. Es brach mir das Herz, wie zerbrechlich sie wirkte.

»Kommst du nach? Bitte? Gib mir nur ein paar Minuten«, wisperte sie. Ich nickte, drückte ihr einen Kuss auf den Scheitel, und sie verschwand mit dem Arzt hinter der Glastür.

Ich würde Malone eigenhändig umbringen. Er musste das mit Laurens und Gingers Vater gewusst haben, und er hatte sie genauso behandelt, wie damals ihre Mutter behandelt worden war. Eine Frau zu schlagen war unverzeihbar.

Doch wieso hatte er es nicht drauf angelegt, dass ich am Samstag verlor? Was war in den wenigen Stunden passiert?

Ich zog mein Handy aus der Tasche und wählte Sams Nummer. Er musste auf Lauren aufpassen, während ich die Sache regelte.

»Hallo?«, fragte er verschlafen, und ich sah auf die Wanduhr. Es war mittlerweile fast zwei Uhr in der Nacht.

»Sam? Shawn hier. Wir haben Laurens Schwester zusammengeschlagen gefunden. Wir sind im Medical Center.«

»Ach du Scheiße, wie ist das passiert? Ihre Schwester ist hier in Atlanta?«

»Malone«, knurrte ich nur, und Sam presste stoßweise den Atem heraus.

»Ich bin sofort da.«

***

Sam brauchte tatsächlich keine Viertelstunde, dann eilte er den Flur hinunter. Ich stand von den roten Plastikstühlen im Wartebereich auf und hob die Hand. »Hi, Sam.«

»Hi! Was ist passiert?«, fragte er atemlos.

»Laurens Schwester Ginger ist seit einiger Zeit mit Malone zusammen.« Weshalb sie das war, verschwieg ich. Es lag nicht an mir, Laurens Geschichte auszuplaudern. »Wir haben Malone gestern Abend bei der Party getroffen, und anscheinend war Ginger nicht wirklich freiwillig bei ihm. Er hat mir einen Deal vorgeschlagen.«

Sam riss die Augen auf. »Was für einen Deal?«

»Wenn ich am Samstag gewinne, lässt er Ginger gehen. Wenn nicht, trete ich zurück.«

Sam rieb sich die Nasenwurzel. »Du hast ihn nicht angenommen, oder? Shawn …«

»Doch. Und ich hab keinen Bock, deine Belehrungen zu hören, ich habe dich nur gerufen, damit du auf Lauren aufpasst. Sie ist gerade bei ihrer Schwester.«

»Wie bitte?«

»Ich werde mir Malone vorknöpfen!«

»Das wirst du nicht!«, sagte Sam laut und verengte die Augen zu Schlitzen. »Was willst du denn tun? Willst du wegen ihm auch noch im Knast landen? Wenn du außerhalb …«

»Ich weiß, was dann passiert! Es war sowieso fällig, diesem Drecksack seine Grenzen zu zeigen. Ich bitte dich nicht um Erlaubnis.«

Ich wollte an ihm vorbeistürmen, aber er hielt mich fest. Sam war nicht so kräftig wie ich, doch wenn er mich aufhalten wollte, müsste ich ihn wahrscheinlich trotzdem bewusstlos schlagen.

»Sam, das ist der einzige Weg. Ich kann ihm das einfach nicht durchgehen lassen! Er hat Ginger krankenhausreif geschlagen! Sie liegt halb tot in diesem verschissenen Bett, und Lauren erleidet Höllenqualen!«, schrie ich, und Sam umfasste meinen Oberarm fester.

»Malone umzubringen, wird nichts daran ändern! Sie hat diese Verletzungen, und Lauren geht es gerade trotz alledem schlecht! Sie braucht dich JETZT! Was soll Lauren machen, wenn du im Knast landest, du verdammter Idiot?«

Ich sah zu Boden, konnte kaum klar denken. In meinem Kopf wirbelte alles umher, und mir wurde schwindelig. Zischend setzte ich mich zurück auf einen Stuhl. »Malone muss büßen …«, murmelte ich, und Sam nahm neben mir Platz.

»Wenn du es unbedingt selbst in die Hand nehmen willst, ist der einzige legale Weg, wie du ihn fertigmachen kannst, Sawyer am Samstag zu zerstören«, sagte Sam, und ich stützte den Kopf auf die Hände. »Du kannst nicht einfach bei ihm einbrechen und ihn erledigen. Sawyer ist da, seine Bodyguards sind da. Herrgott, er hat genug Feinde da draußen, denkst du, du würdest auch nur an ihn herankommen?«

»Shawn?« Ich vernahm Laurens piepsige Stimme und sah auf. Tränenverschleiert stand sie vor mir, völlig verloren. Ruckartig erhob ich mich und zog sie an mich, während sie sich ihren Gefühlen hingab.

»Ich geh zu Ginger, damit jemand da ist«, hörte ich Sam, und seine Schritte entfernten sich. Malone würde büßen. Wenn nicht am Samstag dann auf jeden Fall danach. Das war sicher. Während sich mein Mädchen schluchzend an mich klammerte, lechzte mein gesamter Körper nach Rache. Lauren gehörte nun zu mir, und ihre Schwester dadurch ebenso. Nichts auf der Welt würde mich davon abhalten, Gerechtigkeit walten zu lassen. Auf meine Art.

Kapitel 27

Lauren

3 Doors Down

Let Me Go

»Lauren, willst du nicht mal etwas essen?« Ich spürte Sams sanfte Berührung an meinem Arm. Müde sah ich auf und schüttelte den Kopf. Nachdem Shawn und ich die halbe Nacht bei Gini verbracht hatten, waren wir früh am Morgen zurück ins Hotel gefahren und hatten uns hingelegt. An Schlaf war nicht zu denken. In mir wütete die Trauer und Sorge um Gini, in Shawn Rachsucht und Wut auf Malone. Wir hatten uns gegenseitig gehalten, kein Wort gesprochen, aber es war klar, wie das alles nun ausgehen würde. Für keinen Beteiligten gut.

»Bist du so weit, dann fahre ich dich jetzt ins Krankenhaus?«

»Ja.«

Er stand wieder auf. »Ich warte drüben. Sag Bescheid, wenn etwas ist.«

Seitdem Shawn vor zwei Stunden gegangen war, lag ich einfach nur da. Ich hatte gehofft, er könnte mich für immer halten, aber ich spürte, wie hilflos er sich fühlte. Er musste etwas tun, damit er nicht doch zu Malone fuhr und ihn umbrachte. Also trainierte er wie ein Irrer. Er hatte nicht geschlafen, sondern war, nachdem mich keine Heulkrämpfe mehr heimgesucht hatten, laufen gegangen. Danach boxte er sich die Wut im Trainingscenter aus dem Leib. Ich wusste, obwohl er gerade nicht bei mir war, dass er mir immer weiter entglitt. Die Rachegedanken vernebelten seinen Geist. Mr. Hyde war zurück, und ich hatte keine Kraft, um den guten Shawn zu kämpfen. Vielleicht wollte ich sogar, dass er genug Energie sammelte, um diese Schweine fertigzumachen, sei es auch nur im Käfig.

Nun, am späten Mittag, hatte er Sam geschickt, um nach mir zu sehen und mich zu Gini zu fahren, denn allein kam ich nicht aus dem Bett. Ich hatte heute Vormittag im Krankenhaus angerufen, und sie hatten gesagt, Gini würde immer noch schlafen. Trotzdem musste ich jetzt zu ihr. Ich musste rausfinden, wie das alles hatte passieren können.

Behäbig schob ich die Decke zur Seite und ging ins Badezimmer. Mehr als Zähneputzen und einen schiefen Pferdeschwanz bekam ich nicht hin. Shawns weiten Pulli trug ich noch immer, genauso wie meine schwarze Jogginghose. Ich hob den Stoff des Pullovers an meine Nase und sog Shawns Geruch ein. Das war das Einzige, was mich beruhigen konnte, wenn er nicht selbst bei mir war.

Sam brachte mich bis vor Ginis Zimmertür, dann drückte er tröstend meine Hand und sah mich traurig an. »Ich hol dich wieder ab. Du musst nur anrufen, okay? Du fährst unter keinen Umständen allein zum Hotel zurück!«

Ich nickte. »Bis später.«

Ich trat ein und stockte kurz in der Bewegung. Gini so zu sehen, ihr schmaler Körper schwach und ramponiert in dem großen Bett, brachte mich fast um. Ihre äußerlichen Verletzungen waren schlimm, aber wahrscheinlich nicht so schlimm wie die inneren, die sie erlitten hatte. Ich wollte nicht wissen, was Malone ihr alles angetan hatte. Ich hoffte inständig für sie, dass sie es verkraften würde.

Vorsichtig setzte ich mich an ihr Bett und nahm ihre Hand. »Hi, Gini. Ich bin wieder da«, flüsterte ich und legte meinen Kopf behutsam auf ihrem Bauch ab. Ich erinnerte mich daran, wie Mum genauso in einem Krankenhausbett gelegen hatte, und schluckte einzelne Tränen hinunter. Hoffentlich würde Gini keine bleibenden Schäden davontragen wie Mum.

Fast wäre ich eingeschlafen, da bewegten sich auf einmal ihre Finger. Ich schreckte nach oben und sah sie an. Hatte ich mir das eingebildet?

»Gini?«

Ihre Lider flatterten, und sie schlug sie langsam auf. »Laurie«, krächzte sie, und ich drückte panisch auf den Rufknopf an ihrem Bett.

»Gini, ich bin da!«

»Mein Kopf tut weh«, wisperte sie, und ich strich ihr über die Stirn.

»Lass die Augen zu, Süße.«

Die Tür ging auf, und eine Schwester kam hereingestürzt.

»Sie ist wach!«, sagte ich aufgeregt. Die Krankenschwester trat an das Bett und kontrollierte die Geräte. »Miss Brooks?«, fragte sie laut, und Gini öffnete vollständig die Augen. »Haben Sie Schmerzen, Miss Brooks?«

»Sie hat Kopfschmerzen, hat sie gesagt!«, antwortete ich für sie.

»Okay, ich werde gleich den Arzt zu ihnen schicken, damit wir ihr etwas dagegen geben können.«

»Danke.« Sie verließ das Zimmer, und ich lächelte traurig meine kleine Schwester an. Es war so furchtbar, sie tat mir so leid. Mein Herz zerriss bei ihrem Anblick. Mein ganzes Leben hatte ich versucht, sie zu schützen, und nun hatte ich schlicht versagt.

»Gini, was ist passiert?«, fragte ich leise, und sie verzog kurz schmerzhaft das Gesicht.

»Darren ...«, krächzte sie, und ich hielt ihr ein Glas Wasser an die Lippen. Sie trank einige Schlucke, dann stellte ich es wieder ab.

»Danke. Er ... er kam zu mir und sagte, irgendein Kampf stünde bevor gegen einen Rage.« Ich schluckte hart und hielt weiter ihre Hand. »Er wollte ...« Sie schluchzte zweimal, und ich strich ihr sanft über den Kopf. »... er sagte, es würde diesen Typen rasend machen, wenn ich bei dem Kampf dabei wäre und mein Körper mit Verletzungen übersät wäre. Er würde Fehler machen und verlieren. Laurie, ich hatte solche Angst.« Tränen liefen ihr aus den Augenwinkeln, und ich musste mich zusammenreißen, nicht mit zu weinen. »Ich weiß doch gar nicht, wer dieser Rage überhaupt ist …« Sie brach erneut ab. Ich versuchte sie mit leisen Worten zu beruhigen. »Der erste Schlag war der Schlimmste … Er hat immer weitergemacht, immer wieder.« Die Tränen rannen haltlos ihre Wangen hinab, und ich konnte den Anblick und das, was sie mir erzählte, kaum ertragen. »Irgendwann ist er gegangen und hat vergessen, die Tür abzuschließen. Er muss so in Gedanken gewesen sein … Ich hab die Chance genutzt, sein Handy lag im Flur auf der Kommode, und bin einfach nur losgerannt.« Die Schluchzer schüttelten ihren schmalen Körper immer stärker. Aber ich hatte genug gehört. Malone hatte sie benutzen wollen, um Shawn aus dem Konzept zu bringen. Und anscheinend hatte er das auch fast geschafft. So ein mieses Schwein!

»Ganz ruhig, schlaf noch ein bisschen. Wir sind jetzt hier, alles wird gut.« Ich versuchte, die Wut, die gerade alles in mir beherrschte, nicht die Oberhand gewinnen zu lassen. Es nützte nichts, Gewalt mit Gewalt zu bekämpfen. Und auch wenn Shawn diesen Kampf am Samstag gewann, würde es nichts daran ändern, dass Malone nur an einen Ort gehörte. In den Knast. Schnellstmöglich.

***

Ich war bis zum späten Nachmittag bei Gini gewesen, damit sie sich wieder beruhigen konnte und sich nicht allein fühlte. Unruhig lief ich nun im Krankenhausflur auf und ab und wartete auf Sam. Ich hatte ihn eben angerufen und gebeten, mich zu Shawn zu bringen. Ich musste mit ihm über den Vorfall und vor allem über den bevorstehenden Kampf sprechen. Plötzlich sagte eine dünne Stimme hinter mir meinen Namen. Ich drehte mich überrascht um.

»Laurie!« Meine Mum kam, gestützt von Matt, auf mich zu.

»Mum!« Sie war hier? Aber wie? Ich hatte ihr extra nichts erzählt! Ich wollte nicht, dass sie sich Sorgen machte. Aber jetzt, da sie hier war, war ich unglaublich froh, nicht mehr allein zu sein.

Ich kam ihr entgegen und warf mich in ihre Arme. »Es tut mir so leid … Ich konnte sie nicht finden …«, schluchzte ich, und Mum strich mir immer wieder über das Haar.

»Ist okay, alles ist okay.«

Irgendwann lösten wir uns voneinander, und auch Mum hatte Tränen in den Augen. »Jetzt sind meine Mädchen wieder bei mir«, flüsterte sie und streichelte mir über die Wange.

»Hi, Matt«, sagte ich und begrüßte den Freund meiner Mutter mit einer Umarmung.

»Woher wusstet ihr, dass wir hier sind?«

»Wir haben heute Morgen einen Anruf bekommen von einem gewissen Shawn. Ist das nicht der Mann, für den du arbeitest?«

Ich nickte. Shawn hatte sie angerufen? Weil er wollte, dass ich nicht allein war? Oder weil er in Ruhe trainieren wollte?

»Ja, das ist er.« Ich verschwieg, dass wir eigentlich so was wie zusammen waren. Gerade ging es nicht um mich. Mal abgesehen davon, dass ich nicht wusste, wie man das überhaupt nannte, was wir miteinander hatten.

»Gini war eben kurz wach, jetzt schläft sie wieder, aber ihr könnt trotzdem zu ihr.« Ich deutete auf die Tür. »Zimmer dreihundertzehn.«

»Musst du wieder weg?«, fragte meine Mum überrascht.

»Ja, ich hab noch etwas zu erledigen. Ich werde später wiederkommen.«

»Hi, Lauren!« Sam kam den Flur hinuntergelaufen.

»Sam, das sind meine Mum und Matt. Sam ist der Manager von Shawn.«

»Freut mich«, sagte meine Mutter, und auch Matt lächelte ihn freundlich an.

»Weißt du was, lasst uns doch später etwas essen gehen«, sagte meine Mum, und ich nickte. »Sie können gerne mitkommen, wenn Sie möchten!«, richtete sie das Wort an Sam, aber der winkte ab.

»Das ist sehr nett von Ihnen, aber Sie haben sich schon länger nicht mehr gesehen. Ich störe ungern ein Familienessen!«

»Na gut, aber wenn Sie es sich anders überlegen, sagen Sie Bescheid!«, erwiderte meine Mum. Sie war so liebenswert, egal in welcher Situation. Ich musste lächeln. Sie war schon immer eine tolle Mutter gewesen, fürsorglich und liebevoll. Keinen einzigen Tag hatte sie in meiner Erinnerung schlechte Laune gehabt oder es zumindest wirklich gut verstecken können.

»Danke. Dann melde ich mich nachher noch mal, und wir treffen uns im Restaurant?«, fragte ich, und Mum nickte.

Wir verabschiedeten uns und gingen zu Sams Wagen. Er erkundigte sich auf dem Weg ins Trainingscenter nach Gini, und ich erzählte ihm, was sie gesagt hatte.

»Shawn muss das unbedingt wissen!«, sagte ich, während wir auf das Center zuliefen. »Er muss sich das mit dem Kampf am Samstag überlegen! Es muss andere Wege geben, Malone und Sawyer büßen zu lassen!«

»Du kennst ihn doch, oder? Er wird auf jeden Fall seine Rache einfordern!«

Ich seufzte. »Das werden wir noch sehen!«

Draußen dämmerte es bereits, und das Innere der großen Trainingshalle war fast düster. Nur ein wenig Licht erhellte einen Bereich mit einem Boxsack. Vor diesem stand Shawn. Sein graues, ärmelloses Oberteil war komplett verschwitzt, genauso wie sein Gesicht. Die nassen Haare klebten an seiner Stirn, und er schlug immer wieder auf den Sandsack ein.

Entweder mit den Fäusten, die nur getapt waren, oder er kickte in hohen Tritten dagegen. Er war wie das wild gewordene Tier, als das ich ihn kennengelernt hatte.

»Ich lasse euch allein«, sagte Sam und trat hinaus.

Vorsichtig lief ich zu Shawn und beobachtete ihn eine Weile. Ich sah keine Regung an ihm, die erkennen ließ, dass er mich bemerkt hatte. Rob musste ihm wohl den Schlüssel für die Halle besorgt haben, denn es war auch kein Mitarbeiter mehr anwesend, noch nicht mal jemand anderes, der trainierte. Nur er. Das Geräusch seiner dumpfen Schläge und Tritte und seiner schnellen Atmung erfüllte den Raum.

»Danke, dass du meine Mum angerufen hast«, sagte ich, und er nickte kaum merklich, widmete sich immer noch dem Boxsack. Wenigstens hörte er mich.

»Shawn, du darfst am Samstag nicht kämpfen.« Er ignorierte mich. Ich spürte, dass er mich nicht sah. Es war, als wäre ich überhaupt nicht hier. »Ich habe ein komisches Gefühl, wenn du antrittst! Gini hat erzählt, dass Malone sie so zugerichtet hat, weil er dich mit ihrem Anblick kurz vor dem Kampf aus dem Konzept bringen wollte!«

»Dachte ich mir schon«, erwiderte er knapp.

»Ich meine es ernst! Ist es das wirklich wert? Was, wenn sie nun etwas anderes vorhaben?« Er schlug noch heftiger auf den Sack ein, sodass ich Angst hatte, er würde sich die Finger daran brechen. Trotzdem kam keine Reaktion auf meine Frage, und ich senkte enttäuscht den Blick. Es tat extrem weh, zu sehen, wie weit er sich von mir entfernte. Er fehlte mir, obwohl er direkt neben mir stand. Seine Berührungen, seine Aufmerksamkeit, sein Lachen, einfach alles.

»Vielleicht können wir nachher darüber reden … Meine Mum würde gerne essen gehen, und ich wollte dich fragen, ob du mitkommst. Später, irgendwann.«

»Okay«, sagte er abwesend, und ich war mir nicht sicher, ob er meine Worte überhaupt richtig verstanden hatte. Er war wie in einer anderen Welt. Die Rachsucht vernebelte seinen kompletten Geist.

»Dann sehen wir uns im Hotelzimmer?« Es kam keine Reaktion. Gut. Er hatte sich augenscheinlich gegen das Essen entschieden.

Traurig drehte ich mich um und verließ die Halle. Hoffentlich konnte ich später mit ihm sprechen. Ich hatte schließlich noch drei Tage, um ihn zu überzeugen. Drei Tage.

»Kommt er mit ins Hotel?«, fragte Sam, und ich schüttelte den Kopf.

»Ich glaube, er trainiert noch ein bisschen.«

Sam kramte in seiner Tasche und hielt mir den Autoschlüssel entgegen. »Kannst du fahren?«

»Klar.«

»Dann fahr schon mal ins Hotel. Ich rede mit ihm.«

»Danke.«

»Nicht dafür.«

Damit ging ich zu Sams geliehenen Audi, um mich im Hotel zumindest so weit fertig zu machen, dass ich, ohne wie eine Obdachlose auszusehen, in ein Restaurant gehen konnte.

Kapitel 28

Shawn

Placebo
The Bitter End

Links. Rechts. Kick. Links. Rechts. Kick.

»Hey.« Sam tauchte in meinem Blickfeld auf.

Links. Rechts. Kick.

»Hey, habe ich gesagt!«, sprach er lauter.

Links. Rechts. Ruckartig wurde der Boxsack zur Seite gezogen, und ich trat ins Leere.

»Was soll das?«, knurrte ich, und Sam sah mich an.

»Du hast ja doch mitbekommen, dass ich mit dir spreche.«

Ich ignorierte ihn und brachte mich wieder in Stellung.

»Stopp doch jetzt mal! Laurens Mum ist hier.«

»Ich weiß, ich hab sie angerufen.«

Sam sah kurz überrascht aus. »Dann hat Lauren dir sicherlich auch gesagt, dass sie heute Abend essen gehen.«

Ich strich mir den Schweiß von der Stirn und nutzte die unfreiwillige Pause, um etwas zu trinken. »Kann sein.«

»Kann sein?«, fragte Sam. »Du hast ihr gerade überhaupt nicht zugehört, oder?«

»Nur du schaffst es, mir innerhalb von zwei Sekunden ein schlechtes Gewissen einzureden«, sagte ich und schnaubte.

»Aber nur, wenn du das wirklich verdient hast. Lauren ist nett, sie tut dir gut. Vermassel deine einzige Möglichkeit auf Glück nicht.«

Mit diesen Worten ließ mich Sam zurück und ging nach draußen. Verdattert stand ich da. Was sollte das denn heißen? Ich würde am Samstag für sie siegen, das war es doch, was zählte! Ich würde ihre Schwester rächen und Malone und Sawyer kaltmachen! Am liebsten gleichzeitig!

Ich platzierte mich erneut vorm Boxsack und begann meine Kombination. Natürlich stellte ich mir bei jedem Schlag Sawyers und bei jedem Kick Malones Gesicht vor.

Ich. *Punch*. Töte. *Punch*. Sie. *Kick*. Langsam.

Trotzdem konnte ich Sams Worte nicht vergessen. *Vermassel es nicht.* Was meinte er? Was sollte mir seine Aussage mit dem Abendessen sagen? Familienangelegenheit. Ich gehörte nicht dazu. Ich gehörte zu keiner Familie.

Oder hatte sie mich eingeladen? Wollte sie mich dabeihaben?

Links. Rechts. Kick. Links. Rechts. Kick. Zweifel breiteten sich in meinem Kopf aus. Ich ließ die Arme seufzend sinken und starrte geradeaus. Meine einzige Möglichkeit auf Glück? Dass Lauren das war, stand außer Frage. Aber konnte ich ihre Liebe annehmen, ihr tatsächlich gerecht und der Mann werden, den sie brauchte? Was wenn nicht? Wenn ich sie genauso enttäuschen würde wie alle anderen auch? Ich hob die Arme und platzierte mich erneut vor dem Boxsack. Doch als ich mein Training wieder aufnahm, kreisten die Gedanken in meinem Kopf. Hatte Sam recht? Ich stoppte die Punches und ging zu meiner Sporttasche, in der mein Handy lag. Es wählte. »Sam? Besorg mir die Adresse von diesem Restaurant.«

***

Als ich zum Duschen und Umziehen zurück ins Hotel gekommen war, war Lauren bereits weg. Der Duft ihres Parfüms hing noch im Zimmer, also konnte sie nicht lange unterwegs sein.

Wenige Minuten später schnappte ich mir die Autoschlüssel, meine Jacke und das Handy und machte mich auf den Weg. Das Restaurant war glücklichweise kein Schicki-Micki-Laden. Es war ein wenig gehobener als das Diner, in dem Lauren und ich gewesen waren, aber das war auch nicht wirklich schwer.

Schon als ich durch die Tür schritt, sah ich sie. Trotz des Vorfalls mit ihrer Schwester sah sie glücklicher aus mit ihrer Mum und diesem Matt am Tisch. Ich wollte, dass sie nicht allein war, und anscheinend war es richtig gewesen, ihre Familie anzurufen. Ihre Augen hatten wieder ein wenig Glanz, ihre Wangen wirkten rosiger, und sie lächelte. Egoistisch wollte ich, dass jedes Lachen mir galt. Jedes einzelne davon! Mein Herz raste, als ich sie so betrachtete. Sie hatte gesagt, sie liebte mich. Mich? Völlig verrückt. Aber die Glückshormone drehten nach ihrem Geständnis in meinem Körper immer noch total am Rad. Trotzdem hatte ich die Worte nicht erwidern können. Wieso nicht? Es lag nicht an meinen Empfindungen ihr gegenüber, sondern an einem ganz anderen Grund. Weil es mir dann schwerer fiele, mich von ihr zu trennen … Was ohnehin schon ein Ding der Unmöglichkeit wurde, aber immer noch unvermeidbar war. Auf gar keinen Fall, ginge ich die Gefahr ein, sie irgendwann zu verletzen. Doch konnte ich es überhaupt? Sie verlassen?

Sie war so schön.

»Sir, möchten Sie einen Tisch?« Räuspernd entzog ich mich Laurens Anblick und sah den Kellner an, der mich fragend anlächelte.

»Nein danke. Ich werde erwartet.« Das hoffte ich zumindest.

Betont lässig, obwohl ich das eigentlich gar nicht war, lief ich auf den Tisch zu. Um Gottes willen, ich würde gleich ihre Mum treffen.

Lauren sah mich, und ihre Augen weiteten sich vor Überraschung. Danach zeigte sie mir das strahlendste Lächeln, das ich je gesehen hatte. Eine Tausend-Watt-Birne war ein Scheiß dagegen. Und ich liebte es. Viel zu sehr.

»Shawn!«, sagte sie überrascht und sprang auf.

»Hey!«, begrüßte ich sie und wusste nicht so recht, ob ich sie vor ihrer Mutter küssen sollte. Ich war nie der Schwiegersohntyp gewesen, der irgendwann mal irgendwelchen Eltern vorgestellt wurde. Eher war ich der geheime, böse Freund, der nachts durch Schlafzimmerfenster krabbelte.

Doch Lauren nahm mir die Entscheidung ab, zog mich selbstbewusst an sich und drückte mir die Lippen auf den Mund. Sie bekannte sich zu mir, und das war ein furchtbar gutes Gefühl.

»Mum, das ist Shawn.« Ich trat vor sie und hielt ihr die Hand hin. An ihrem Gesicht erkannte ich, woher Lauren ihr Aussehen hatte. Zumindest teilweise, denn Gini sah ihrer Mutter sehr viel ähnlicher. Aber den warmen Ausdruck in ihren Augen hatte Lauren definitiv von ihr.

»Das ist aber eine nette Überraschung! Hallo!«, sagte sie, gab mir die Hand und schenkte Lauren einen anerkennenden Blick.

»Das ist Matt.« Lauren deutete auf den Mann neben ihrer Mum, und auch ihn begrüßte ich höflich. Ich konnte nett sein, wenn ich es wollte. Das schien Lauren nun ebenfalls zu bemerken und lächelte mich breit an.

»Ich störe auch wirklich nicht bei Ihrem Familienessen?«, fragte ich unsicher.

»Im Gegenteil! Und bitte sag Judy!«

Ich nickte erleichtert. Vielleicht würde das hier doch kein absolutes Desaster. Also zog ich mir die Lederjacke aus und setzte mich neben Lauren. Sie ergriff sofort meine Hand unter dem Tisch und drückte sie. Ich sah sie von der Seite an und konnte mich kaum von ihr lösen. Wie hatte ich es in der Trainingshalle geschafft, sie einfach auszublenden? Tief in meinem Inneren hoffte ich, sie würde nicht genauso zerbrechen wie ich, wenn ich sie nach dem Kampf gehen lassen musste.

Kapitel 29

Lauren

Paramore

Last Hope

Er war tatsächlich gekommen. Ich konnte nicht sagen, wie sehr ich mich freute, dass er da war. Vor allem, dass er mal an etwas anderes dachte als an diesen verdammten Kampf. Ich war fest davon überzeugt, ihn noch dazu zu kriegen, diesen Zirkus abzusagen!

Meine Mum und Matt gaben sich alle Mühe, entspannt und locker zu wirken. Dr. Hills hatte heute gesagt, dass es Gini von Stunde zu Stunde besser ging. Sie befand sich nicht in Lebensgefahr und würde sich vollständig von den Blessuren erholen. Wir waren unfassbar erleichtert und konnten ruhigen Gewissens einen Abend zusammen verbringen. Mal abgesehen davon, dass ich meine Mum wirklich vermisst hatte und froh war, Zeit mit ihr teilen zu können. Außerdem hatte sich Sam dazu bereit erklärt, bei Gini zu bleiben.

Auch Shawn wirkte, je später der Abend wurde, gelöster, fast entspannt. So hatte ich ihn selten erlebt, und ich freute mich, dass er sich mit meiner Familie wohlfühlte. Aber Matt und er philosophierten auch ständig über Football und andere Sportarten, dass es ihm gar nicht langweilig werden konnte. Währenddessen hing ich förmlich an seinen Lippen. Es war mir egal, was für ein Thema er anschnitt, ich war völlig vernarrt in seine Art. Und auch meine Mum warf mir den einen oder anderen wissenden und auch glücklichen Blick zu. Sie hatte mich ziemlich lange Zeit nicht mit einem Mann gesehen, und ich war mir sicher, auch noch nie so stark für einen empfunden zu haben. Keiner wäre es wert gewesen, meine Familie kennenzulernen. Mr. Hyde hatte sich tatsächlich wild und rücksichtlos in mein Herz geschlichen.

»Es war ein sehr netter Abend, danke dafür«, sagte Shawn und gab Matt die Hand, während meine Mum und ich danebenstanden. »Morgen bekommt ihr Karten für den Kampf am Samstag! Und ihr wollt wirklich nicht zu uns ins Hotel wechseln?«

Matt machte eine wegwerfende Handbewegung. »Nein, schon gut, unser Hotel ist klasse! Und danke, dann sehen wir uns spätestens am Samstag!« Ich wusste, weshalb sie nicht zu uns kamen. Das Hotel war viel zu teuer für unsere Verhältnisse. Auch wenn Shawn es ihnen garantiert bezahlen würde, wollten sie nicht von ihm ausgehalten werden, was ich voll verstehen konnte. Außerdem war ihr Hotel gar nicht so weit weg von unserem.

»Danke, Shawn, wir freuen uns sehr auf Samstag«, sagte meine Mum und zog ihn unvermittelt in eine Umarmung. Erst verspannte er sich, und seine Haltung sah wirklich ungelenk aus, aber dann genoss er wohl die mütterliche Fürsorge, mit der ihn meine Mum behandelte. Es war, als würde er schon immer dazugehören.

Shawn griff wie so oft nach meinen Fingern, als wir zu seinem Wagen gingen. Als wir uns hineingesetzt hatten, atmete er einmal tief durch.

»Und? Wie war ich?« Er grinste breit, und ich schüttelte den Kopf.

»Ich glaube nicht, dass meine Mum dich mag.«

»Wie bitte?« Sein überhebliches Grinsen verschwand aus seinem Gesicht, und er sah mich geschockt an.

Ich biss mir auf die Zunge, um das Lachen zu unterdrücken, das sich gerade den Weg an die Oberfläche bahnte. »Sie kann es sehr gut kaschieren, aber sie hatte eigentlich eher gedacht, ich ginge mit einem Anwalt oder so was aus ... Ein Kämpfer ... ich weiß nicht ...«

»Aber ein Anwalt würde niemals das tun ...« Unvermittelt zog er mich an meinem Nacken zu sich und drückte seine Lippen auf meine. Er schob die Zunge gierig in meinen Mund, und ich stöhnte zwischen unseren heißen Küssen. Mistkerl, er wusste genau, wie er mich jedes Mal wieder kriegte. Er gab mir noch einen letzten Kuss auf die Oberlippe und startete pfeifend den Wagen.

»Anwalt, pff …«, schnaubte er, und ich musste nun wirklich lachen.

»Wo fahren wir hin?«, fragte ich, als er in eine andere Richtung als unser Hotel fuhr.

»Ich möchte kurz nach etwas sehen. Ist das in Ordnung?« Er schob mir sanft seine Hand hin, und ich ergriff sie.

»Natürlich.«

Nach einigen Minuten Fahrt hielt er am Fahrbahnrand und stieg aus. Ich tat es ihm gleich, wir überquerten die Straße und blieben vor einer Halle stehen, die ziemlich übel aussah. Alle Fenster waren eingeschlagen, der dunkle Ruß eines ehemaligen Feuers zog sich über die komplette Fassade, und die Tür bestand nur noch aus einigen Brettern. Shawns Atmung ging tief und wurde immer schneller, als ich näher an ihn trat und seine Hand in meine nahm.

Ein altes Blechschild hing über der Tür.

Dawson Fight Club.

»Das ist der Club von deinem Dad?«, fragte ich leise, und Shawn nickte.

»Solche Schweine …«

»Du könntest es wieder aufbauen.«

Er seufzte.

»Willst du deine Eltern nicht anrufen? Sie könnten am Samstag doch auch kommen«, sagte ich, und seine Kiefer begannen zu mahlen, während er den Kopf schüttelte.

»Ich glaube nicht, dass sie kommen würden.«

»Aber würdest du es wollen?«

Er zuckte mit den Schultern und sah mich an. »Keine Ahnung. Ich hab den Kontakt abgebrochen … Ich glaub nicht, dass sie ihn aufleben lassen wollen.«

»Aber es sind deine Eltern! Bestimmt wollen sie das.«

Er wandte sich ab, ließ meine Hand los und lief auf die Trümmer zu. Kurz vor dem Eingang blieb er stehen und trat halbherzig gegen die Bretter.

»Ich hab mich ihnen gegenüber wie der letzte Oberpenner verhalten. Ich traue mich nicht.« Er lachte bitter auf, und ich schlang von hinten meine Arme um seine Hüfte, legte meine Wange an seinen breiten Rücken. Seine Lederjacke war selbst dort durchtränkt mit seinem Duft. Seine Finger zogen kleine Kreise auf meinem Handrücken. »Hört sich beschissen an, oder? Ein erwachsener Mann, der sich jede Woche freiwillig die Fresse polieren lässt, traut sich nicht, seine Eltern anzurufen. Ich bin ein Feigling.«

»Es ist okay, Angst zu haben.«

»Ja, vielleicht«, erwiderte er leise. »Komm, lass uns ins Hotel zurückfahren. Ich muss morgen früh raus.«

Widerwillig ließ ich ihn los, und wir gingen zurück zum Auto.

»Willst du das wirklich durchziehen?«, fragte ich und blieb stehen. Langsam drehte er sich zu mir um. »Ich habe Angst um dich«, sagte ich, und er trat näher an mich. Wärmend rieb er meine Arme.

»Malone plant irgendetwas, ich spüre das«, sagte ich.

»Was soll er denn tun? Er wird mir kein Gift in meine Trinkflasche füllen. Ich mach ihn fertig. Glaub mir.«

»Gini geht es besser! Rache bringt uns nicht weiter. Sie will gegen ihn bei der Polizei aussagen, er wird in den Knast wandern.«

»Ach, weißt du, was so ein Typ wie er bekommt? Vielleicht zwei Jahre auf Bewährung! Er würde niemals einsitzen, dafür kennt der Wichser zu viele Leute.«

»Und wenn doch? Du weißt es nicht sicher! Sie könnten ihn einbuchten, und dann würdest du gegen jemand anderen kämpfen, wenn du denn unbedingt diesen Titel haben musst!«

Seine Bewegungen stoppten, und er ließ von mir ab. Seine Miene war nachdenklich, aber er schüttelte den Kopf. »Es gibt keine Gerechtigkeit, außer man nimmt sie selbst in die Hand. Ich muss das tun.« Damit drehte er sich um und lief zurück zu seinem Auto. Seufzend beließ ich es dabei. Heute. Denn ich würde es weiter versuchen. Ich hatte immer noch genug Zeit, ihn vom Gegenteil zu überzeugen.

Kapitel 30

Shawn

Nirvana

Come As You Are

Der Tag war gekommen.

Und ich fühlte mich vorbereiteter denn je. Die letzten Tage hatte ich beim Training noch mal alles gegeben. Auch wenn ich spürte, dass Lauren immer noch nicht einverstanden war, dass ich antrat, ich musste es tun. Das war mein Ding, mein Leben. Ich hatte vor ihr nur existiert, um zu kämpfen. Und nun hatte ich endlich einen wichtigen Grund vor Augen.

Sawyer, und somit auch Malone, dem Erdboden gleichzumachen.

Auch Lauren würde mich nicht vom Gegenteil überzeugen können, sosehr sie es sich auch wünschte.

»Du weißt, das linke Bein ist seit dem Kampf vor zwei Jahren seine Schwäche«, zischte mir Rob zu, während er meine Hände tapte. In der Kabine lief Sam eine nervöse Spur in den Boden, und Lauren stand gedankenversunken mir gegenüber an die Wand gelehnt. Ich versuchte alles, was auf mich zukommen könnte, im Geiste durchzugehen. Jeden einzelnen Schlag, jeden Kick, jeden Atemzug.

»Jungs, lasst ihr uns mal kurz allein.« Räuspernd sah ich zu Lauren, und sie erwiderte meinen Blick.

»Ja, klar«, murmelte Rob und verließ mit Sam die Kabine.

»Komm her«, raunte ich Lauren zu, als die Tür ins Schloss fiel. Ich sah an ihrem Gesicht, dass sie den Tränen nah war, und als sie bei mir angekommen war, zog ich sie auf meinen Schoß. Sie schlang die Hände um meinen nackten Oberkörper, und ich spürte, wie eiskalt diese waren.

Mit der Hand zwischen ihren Schulterblättern drückte ich sie an mich. »Mach dir keine Sorgen, Bambi. Wenn ich daran denken muss, dass es dir schlecht geht, kann ich mich nicht konzentrieren«, wisperte ich, und sie nickte traurig. »Ich stelle mir dann die ganze Zeit vor, wie es dir geht, was du tust oder sagst, und das wird mein Verhängnis werden. Du wirst mein Verhängnis werden.«

»Es tut mir leid«, flüsterte sie.

»Muss es nicht. Irgendwie ist es auch schön, dass du dir Sorgen um mich machst. Blöde Zwickmühle, oder?« Ich zog leicht einen Mundwinkel nach oben, und sie erwiderte mein Lächeln traurig. Sie hob ihren Zeigefinger an mein Gesicht und strich über das Grübchen auf meiner rechten Wange. Ich fing ihre Hand ab und drückte ihr einen Kuss auf jede Fingerkuppe, bevor ich sie wieder losließ. »Es wird alles gut gehen, okay?« Sie nickte. »Heute Abend werd ich es vollständig ausnutzen, dass du mich versorgen musst. Ich werde ständig nach dir rufen, du musst mir Sachen holen und mich massieren, bis du genervt von mir bist!« Nun lachte sie wenigstens ein bisschen ehrlicher. »Lauren, ich konnte es nicht sagen, weil ich nicht wusste, wie es sich anfühlt. Aber jetzt bin ich mir sicher. Ich liebe dich.« Überrascht sah sie mich an, und mein Herz schlug einige Takte schneller. Hatte sie es ernst gemeint? Würde sie es mich noch mal hören lassen oder hatte ich zu lange Zeit verstreichen lassen, bis es mir klar wurde? Ich wollte es wieder und wieder aus ihrem Mund hören. Es sollte nur mir gelten.

Sie schlang ihre Arme um meinen Nacken und küsste mich. »Ich liebe dich auch«, erwiderte sie an meinen Lippen, und wir küssten uns lächelnd immer wieder, während ich sie noch enger an mich zog. Sie roch nach Zuhause, nach Wärme und Liebe. Ich liebte sie. Eindeutig.

Es klopfte an der Tür, und ich ließ widerwillig von ihr ab. Sie wollte aufstehen, doch ich hielt sie fest. »Noch nicht«, bat ich leise.

Als die Tür komplett aufgedrückt wurde, erstarrte ich jedoch. Das konnte nicht sein. Mein Blick flackerte zu Lauren, die mich entschuldigend ansah.

»Warum?«, fragte ich tonlos.

Sie strich mir sanft über die Wange. »Weil es Zeit ist.«

Nun stand sie doch auf, und wie geschockt sah ich zu dem Menschen, den ich zuletzt vor fünf Jahren gesehen hatte. Fast hatte mein Gedächtnis verdrängt, wie sie aussah.

»Danke, dass Sie gekommen sind. Ich lasse Sie allein«, sagte Lauren und verließ die Umkleide. Ich stand langsam auf und fühlte mich wie versteinert.

»Hallo, Shawn«, sagte meine Mum dünn und strich sich eine Träne aus den Augen. Ihre wirren, dunkelblonden Locken waren noch so ungebändigt wie damals. Wie Tommys Locken.

Ich wusste nicht, was ich in dieser Situation zu ihr sagen sollte, aber das Gefühl von Zuhause, das ich ihr gegenüber früher schon empfunden hatte, suchte sofort wieder seinen Platz in meiner Magengrube. Meine Mum lief auf mich zu und drückte mich an sich. Ich ließ es zu, beugte mich ein Stück zu ihr runter und erwiderte ihre feste Umarmung. Tief sog ich ihren mütterlichen Duft ein und erinnerte mich augenblicklich wieder an ihr Lieblingsparfüm, das wir ihr oft zum Geburtstag geschenkt hatten. Yves Saint Laurent. Plötzlich kamen alle Erinnerungen zurück, die ich mühsam verdrängt hatte. Ich drückte sie noch fester an mich.

»Ich habe an dem Tag nicht nur einen Sohn verloren, sondern drei. Bitte komm zurück zu uns«, wisperte sie, und ich schluckte den Kloß hinunter, der sich gerade in meinem Hals festsetzte.

»Es tut mir leid«, sagte ich und meinte damit alles Vergangene. Durch Lauren hatte ich gelernt, mich zu entschuldigen, und diese Entschuldigung jetzt war die schwierigste in meinem gesamten Leben. Aber meine Mutter hatte sie endlich verdient! Ebenso Dad, aber er war nicht gekommen. Die Enttäuschung, die sich bei diesem Gedanken durch mein Innerstes fraß, konnte ich kaum unterdrücken.

Meine Mum löste sich von mir und sah mich fast glücklich an. Auf jeden Fall erleichtert. »Danke für die Lilien. Sie waren wunderschön! Jedes Jahr.«

»Ich hab mich furchtbar verhalten. Alles tut mir leid. Was passiert ist, was ich gesagt habe, dass ich euch allein gelassen habe …«, sagte ich mit dünner Stimme und sah zu Boden. Meine Mum drückte ermutigend meine Hand, und es fühlte sich an, als wäre ein Teil des Knotens in meinem Inneren geplatzt. Ein dumpfes Pochen, das mich zu jeder Zeit begleitet hatte wie eine lebenslange Migräne, war mit einem Mal besser. Ich konnte nicht sagen, dass ich mich wieder komplett wohl in der Gegenwart meiner Mum fühlte, aber ich sah zum ersten Mal ein aufkommendes Licht zwischen uns. Nicht nur die Dunkelheit.

»Auch wenn Dad nicht gekommen ist, du musst wissen, dass es ihm nicht leichtfiel. Er wollte kommen, aber …«

»Ist schon okay«, sagte ich und klang enttäuschter, als ich eigentlich beabsichtigt hatte. Irgendwie war es mir klar gewesen, dass mein Vater noch mehr brauchte, als einen bloßen Anruf von Lauren. Dafür hatte ich ihm damals zu viel an den Kopf geworfen, obwohl er der Letzte war, der irgendetwas für die Vergangenheit konnte.

Die Tür ging auf, und Rob schob den Kopf hindurch. »Rage, es geht los!«

Mein Blick flackerte zu meiner Mum, die aufmunternd nickte. »Okay! Ich bin so weit!«

Ich lief zur Tür und sah meine Mum erwartungsvoll an. Irgendwie hatte ich Angst, dass sie nun schon ging. »Ich komm gleich, Shawn.« Erleichtert nickte ich und ging mit Rob vor die Tür. Lauren lehnte an der Wand und grinste mich überlegen an.

»Du hinterhältiges Biest«, sagte ich und zog sie an mich. »Danke.«

»Gern geschehen«, gab sie zurück, und ich ließ sie nach einem innigen Kuss los. »Und jetzt mach den Mistkerl so was von fertig!«

»Nichts lieber als das, Bambi!«

Kapitel 31

Lauren

Papa Roach
Last Resort

Shawn ging den Flur hinunter. Seine Einlaufmusik *Last Resort* von *Papa Roach* drang laut durch die Halle. Ich verdrehte die Augen. So eine Dramaqueen.

Ich wollte nur noch schnell mein Handy aus der Umkleide holen, denn Hunter hatte mir gesagt, ich solle unbedingt Bilder von dem Kampf machen und ihm schicken, wenn er schon nicht da sein konnte. Also drückte ich die Tür auf und zögerte kurz. Shawns Mum stand noch in der Kabine und steckte gerade ihr Handy zurück in die Handtasche.

»Oh, Entschuldigung, ich wollte Sie nicht stören und nur eben zu meiner Tasche.«

»Sie stören nicht«, sagte sie, lächelte warm und kam mit ausgestreckter Hand auf mich zu. Sie erinnerte mich an meine Mum. »Ich danke Ihnen vielmals, dass Sie mich angerufen haben. Nennen Sie mich bitte Sarah!«

»Lauren, danke, sehr gerne.«

Sie ließ meine Hand los und klammerte sich fast beschämt an ihrer Handtasche fest. »Ich hätte es gut gefunden, wenn mein Mann mich begleitet hätte, aber … du kennst ja die Männer.« Ihr schwaches Lächeln bedeutete mir, dass sie mehr als enttäuscht war. Wenn Shawns Dad allerdings wirklich so war, wie Shawn mir erzählt hatte, war es nicht verwunderlich, dass er sich keinen Ruck geben konnte. »Es ist nicht nur, dass er nicht wollte, er ist seit der Diagnose etwas neben der Spur.« Ich zog die Augenbraue nach oben. Diagnose?

»Wie meinst du das?«, fragte ich, aber sie machte nur eine abweisende Handbewegung.

»Ach, halb so wild. Ich plapper mal wieder unsinniges Zeug, wenn ich nervös bin.« Sie lachte halbherzig, aber ich konnte ihre Aussage nicht einfach so vergessen. Ich wusste nicht, wie krank er tatsächlich war, aber ich wusste, dass es Shawn ein weiteres Mal an den Rand seines Abgrundes bringen und ihm den Boden unter den Füßen wegreißen würde, wenn er es erfuhr. Es war nicht meine Aufgabe, es ihm zu sagen. Doch wenn es soweit sein sollte, musste er das nicht allein durchstehen, denn ich wäre dann garantiert für ihn da.

»Du tust ihm gut. Das sehe ich euch beiden an«, sagte sie und lächelte mich warm an. »Es war Zeit, dass er jemanden findet, der ihm wieder etwas bedeutet.«

»Ja, das war es«, erwiderte ich genauso überzeugt.

»Wollen wir?«

»Ja, gerne.« Ich ging noch schnell zu meiner Tasche und zog mein Handy heraus. Einen Moment sammelte ich mich, und wir liefen gemeinsam zurück in die Halle. Meine Mum und Matt saßen in der ersten Reihe. Rob, Sam und ich würden wie alle Beteiligten hinter Shawns zugewiesener Ecke stehen, um ihn direkt unterstützen zu können. In dem Moment tippte mir jemand auf die Schulter, und ich drehte mich überrascht um.

»Nein!«, schrie ich lachend.

Hunter schnalzte nur mit der Zunge. »Denkst du, ich will dein kleines Testosteronschnuckelchen nicht live in Aktion erleben?«

»Hunter! Du bist verrückt! Danke!« Ich sprang in seine Arme, und er drückte mich an sich.

»Oh, oh, ich glaube, Mister Rage sieht es nicht so gerne, wenn sein Eigentum einen anderen Kerl umarmt.« Er kicherte.

Ich ließ ihn eilig los und sah zu Shawn, der uns beobachtete. Meine Güte, er sollte sich auf den verdammten Kampf konzentrieren! Ich zeigte mit dem Finger auf meinen besten Freund und formte mit dem Mund *Hunter.* Shawn verstand, sah aber immer noch nicht glücklich aus. Wahrscheinlich hatte er sich Hunter nicht so attraktiv vorgestellt. Aber er musste sich wirklich keine Sorgen um unser Verhältnis machen. Selbst wenn mein bester Freund nicht schwul gewesen wäre, ich hatte nur Augen für einen Mann.

»Vorne, bei meiner Mum, müsste noch ein Platz sein! Kann ich dich so lange allein lassen?«

»Aber klar doch, Schätzchen! Und nachher machen wir auf den Sieg deines Lovers einen drauf!«

Er ging zur ersten Reihe, und ich lief zu Rob und Sam. Sawyer stand gegenüber im Käfig und schaute eisig zu Shawn. Malone stand hinter ihm und flüsterte ihm etwas ins Ohr. Meine Hände zitterten, und diesmal ballte ich sie zu Fäusten, damit ich nicht selbst hinüberrannte und die Sache eigenhändig übernahm.

»Alles okay bei Shawn?«, fragte ich und nickte in Malones Richtung.

»Jepp«, sagte Sam knapp, und ich verschränkte die Arme, um das Zittern zu unterdrücken, das mich nun immer schlimmer heimsuchte. Die Nervosität war schon eine ziemliche Bitch. Sie suchte einen heim, wenn man es am wenigstens brauchte, und gesellte sich munter zur Angst dazu, um diese noch weiter anzustacheln. Ich konnte kaum ruhig stehen, so unfassbar nervös war ich davor, was passieren würde. Allein schon, wenn ich daran dachte, wie Shawn einen Schlag abbekam, drehte sich mir der Magen um.

Kapitel 32

Shawn
Linkin Park
In The End

Die Geräusche wurden zu einem undeutlichen Raunen. Vor meinem Auge verschwomm alles, bis auf das Gesicht von Sawyer. Ich blendete sogar Malone aus, der nun gerade den Käfig verließ. Der Ringrichter sagte einige Worte. Ich kannte sie in- und auswendig, ich musste sie mir nicht anhören.

Wir traten in der Mitte aufeinander zu. Es gab nur noch meinen Gegner und mich. Ich spürte, wie die Wut von mir Besitz ergriff. Sie erfüllte meinen Bauch, meine Brust, meinen Kopf. Mein Herz raste, mein Blut pulsierte, mein Atem war tief und gleichmäßig. Ich brauchte die Wut, damit ich gewann. Im Käfig war sie mein Freund.

Es galt nun, fünf Runden alles zu geben. Mein Ziel war ein Knock-out für Sawyer. Ich wollte nicht am Ende von irgendwelchen Punkten oder Kampfrichtern abhängig sein. Ich wollte seinen fetten Körper am Boden sehen. Blutend, von mir aus auch sterbend.

Das Startsignal erklang. Wir umkreisten uns einige Male. Ganz leicht zog er den linken Fuß hinter sich her, genauso wie Rob es vorhergesagt hatte. Ein schlecht verheilter Bruch, den er mir zu verdanken hatte. Ich musste fast grinsen bei dem Gedanken, welche hübschen Andenken ich ihm heute verpassen würde.

Ich begab mich in Stellung, nutzte den Überraschungseffekt und griff direkt an. Eine Schlagkombination durchbrach seine Deckung und traf ihn mitten ins Gesicht. Doch er holte aus, nutzte die kurze Pause, die ich nach meinen Schlägen einlegte.

Seine Faust prallte in meine Seite und der Schmerz durchzog meinen gesamten Körper. Es tat höllisch weh. Sawyer hatte eine solche Wucht in seinem Arm, dass ich kurz taumelte. Fuck. Ich hatte das Gefühl, die Kontrolle zu verlieren.

Ich trat einen Schritt zurück, konzentrierte mich auf Robs Schreie, die mir Anweisungen gaben, und wagte einen neuen Angriff. Ich traf ihn knapp unter dem Solarplexus. Ein Körperhaken in meine Leber war die Antwort. Ohne Rücksicht auf Verluste prügelten wir aufeinander ein, durchbrachen ein ums andere Mal die Deckung des anderen. Ich verlor jegliches Gefühl für Zeit oder Raum.

Kurz bevor ich erneut zum Angriff übergehen konnte, stürmte er auf mich zu. Seine Faust traf meine Nase, die sofort unter dem Druck zerbrach.

Blut strömte hinaus, und mir blieb die Luft weg, sodass ich nur noch durch den Mund atmen konnte. Eisengeschmack verteilte sich über meine Zunge. Trotzdem setzte ich ihm genauso zu. Sein Auge fing an anzuschwellen, als ich es mit meiner vollen Faust traf.

Der Ringrichter unterbrach den Kampf. Die erste Runde war geschafft, und wir sahen jetzt schon aus, als hätten wir Stunden gekämpft.

Ich taumelte in die Ecke und setzte mich auf den Hocker. Sam gab mir Wasser, und Rob redete auf mich ein, während er Vaseline auf die Platzwunden schmierte. Kurz flackerte mein Blick zu Lauren, die mich angsterfüllt ansah. Ich nickte ihr leicht zu und sah Tränen in ihren Augen glitzern. Mühsam musste ich mich ihrem Anblick entziehen. Es ging weiter.

Auch diesmal schenkten wir uns nichts. Jeder versuchte, einen Treffer nach dem anderen zu setzen. Doch Sawyers fühlten sich so an, als würde ein Presslufthammer auf mich einprügeln. Mein Kopf schmerzte, Rauschen trat in meine Ohren.

Sawyer taumelte bei einem Kopftreffer, und ich ging erneut auf ihn los. Hartnäckiger Brocken!

Geh. *Punch*. Zu. *Punch*. Boden! *Kick!*

Er raste auf mich zu, drückte mich gegen den Käfig und versuchte mich auf den Boden zu manövrieren. WUMM! Die Luft entwich meinen Lungen, als ich mit dem Rücken aufkam und er sich auf mich stürzte. Jeder von uns versuchte, die Oberhand zu bekommen. Meine Beine schlangen sich um seinen

Oberkörper, seine Hände griffen nach mir und wollten mich in eine Art Schraubzwinge ziehen. Ich ließ ihn ruckartig los und drehte mich zur Seite, bis ich mich wieder aufrappeln konnte.

Runde drei. Ich schleppte mich in die Ecke. Ein Piepsen durchzog meine Ohren. Mir war schwindelig. Übel. Nur mit Mühe konnte ich meinen Mageninhalt unten behalten.

»Alles okay?«, fragte der Ringarzt und leuchtete mir in die Augen. »Siehst du Sterne? Ist dir schwarz oder schlecht? Kopfschmerzen?« Ich verneinte keuchend. Kopfschmerzen der Hölle! Aber ich würde niemals aufgeben!

»Irgendwas stimmt nicht, sieh dir sein Gesicht an! Er hat die gleichen Schläge wie Sawyer abbekommen, aber er sieht miserabel aus«, hörte ich Rob wie durch Watte. Es ging weiter. Ich drückte alle zur Seite und stand auf.

Knock-out. Das war meine einzige Möglichkeit. Ich stürzte auf Sawyer zu. Meine Fäuste hagelten auf seinen Schädel nieder. Die Schreie des Publikums wurden lauter. Weiter, immer weiter schlug ich zu.

Ich dachte an Ginger.

An Lauren.

An meine Eltern.

An Kane.

An Tommy.

Sawyers massiger Körper kam mit einem lauten Knall auf dem Boden auf. Ich stand erschöpft wankend da und sah ihn an.

Der Ringrichter rannte zu ihm, Sawyer wollte sich wieder aufrappeln, fiel wieder hin, und bekam das K.-o.-Zeichen. Alle jubelten. Ich schloss meine brennenden Augen, ich konnte sowieso nichts mehr richtig sehen. Mein Atem ging schnell. Mein Körper schmerzte und war am Rand seiner Kräfte.

Ich spürte Finger um mein Handgelenk, die meinen Arm in die Höhe hielten. Sieg. Kopfschmerzen. Übelkeit. Ein Flimmern hinter meinen Lidern. Kalter Schweiß brach aus meiner Haut.

Ich öffnete die Augen und sah Lauren, als würde mein Blick magisch von ihr angezogen. Mit einer Mischung aus Mitleid und Glück lächelte sie mich an. Sie hatte mich aus der Dunkelheit ins Licht gezogen. Ich hatte es geschafft. Nicht nur für mich. Für sie.

Mein Hals kratzte. Ich räusperte mich, spuckte zähes Blut auf den Boden. Meine Nase war zugeschwollen, und warme Flüssigkeit lief hinaus. Ich kniff die Lider zusammen, das Flimmern wurde heftiger. Ich versuchte, Lauren zu fixieren. Doch es ging nicht.

Sie verschwamm, riss die Augen auf. Ein Schrei. Ich wollte zu ihr. Zwei Schritte nach vorne. Weitere Schreie. Der Boden kam näher. Dumpf kam ich auf. Doch ich spürte keinen Schmerz mehr. Die Dunkelheit hatte mich zurück.

Epilog

Die panischen Schreie der Menge werden lauter. Arme umfassen mich, halten mich fest, doch ich winde mich hinaus und renne auf ihn zu.

Er liegt am Boden. Irgendetwas stimmt nicht. Er hat doch gewonnen! Rob und Sam knien vor ihm, versperren mir die Sicht auf seinen leblosen Körper. Übelkeit steigt in mir auf. Eiskalte Gänsehaut kriecht über meine Haut, und Dunkelheit droht mich zu verschlingen.

»Atmet er?« Meine Stimme klingt fremd. »Sam? Was ist mit ihm?« Die fremde Stimme wird lauter. Schluchzende Schreie. Meine Schreie? Sam steht auf, dreht sich zu mir um. Er sieht unfassbar besorgt aus. Bevor ich auf Shawn zurennen kann, kommt Sam mir entgegen und umfasst meinen zitternden Körper. Er zerrt mich weg von ihm! Ich will nicht weg! Ich will wissen, was mit ihm los ist! »Was hat er?« Meine Schluchzer werden lauter. Menschen tauchen auf. Meine Mum, Hunter, Shawns Mum,

alle sehen besorgt zu dem Käfig, in dem es immer hektischer wird. Ich kann die Blicke kaum ertragen. Sam drückt mich weiter. Kurz bevor wir die Umkleidekabinen erreichen, sehe ich Notärzte durch die Menge rennen. Ich kriege keine Luft, je weiter ich von Shawn entfernt bin. Ich kann nicht weg von ihm. Ich brauche ihn zum Atmen! Meine Kehle schnürt sich zu. Heiße Tränen brennen auf meiner Haut. Sam drückt mich fester an sich. Meine Knie knicken ein. Schwärze umgibt mich. Eiskalte Schwärze.

Heftig schreckte ich aus dem Schlaf hoch und setzte mich auf. Die Erinnerungen verfolgten mich jede Nacht, sogar am Tag dachte ich immer daran. Wie er ausgesehen hatte. Kalt. Leblos. Seine starken Muskeln waren nur noch Dekoration. Schluchzer packten mich. Meine Augen brannten vom vielen Weinen, ich hatte nichts anderes getan seitdem. Ich war innerlich leer, nur meine Tränen wollten nicht versiegen. Er fehlte mir so unendlich. Sein Lachen. Sein Geruch. Seine Witze. Das Gefühl seiner warmen Haut.

»Sch … Laurie, alles ist gut.« Mums Arme umfassten mich wie jede Nacht. Als wäre ich ein kleines Mädchen. Doch genauso fühlte ich mich. Hilflos. Einsam.

Sanft wiegte sie mich hin und her. Es tat weh, so unbeschreiblich weh. An der Stelle meines Herzens klaffte ein riesiges Loch.

... to be continued ...

Danke

Danke meiner Lektorin Natalie Röllig für die großartige Unterstützung beim Verlauf der Geschichte, den hilfreichen Hinweisen und Tipps und natürlich dem Lektorat, das mich einen riesigen Schritt weitergebracht hat, mein Geschreibsel in eine bessere Richtung zu entwickeln.

Danke meiner seelischen Unterstützerin, Motivatorin und natürlich besten und kritischsten Testleserin Juliane für alles. Seit fast genau einem Jahr nimmst du nun meine Bücher auseinander und hilfst mir dabei, sie richtig wieder zusammenzusetzen!

Danke meinen beiden Testleserinnen Sina und Susi für eure Meinung, die mich wieder ein Stück beruhigt hat, und eure hilfreichen Anmerkungen! Teil zwei wartet auf euch ;-)

Danke an den Rest meiner Blogger-Mannschaft! Es macht mir unglaublich viel Spaß, mit euch zusammenzuarbeiten, eure Begeisterung für meine Geschichten zu spüren und eure Freude für unsere liebsten Freunde, die Bücher, zu teilen!

Danke auch an alle Leser! Ohne euch wäre dieser Traum des Schreibens für mich nicht möglich!

Deshalb schreibt mir eine Nachricht mit eurer Meinung zu diesem Buch an info@rose-bloom.de oder bei Facebook unter www.facebook.com/rosebloomautorin und ich werde mich mit einer kleinen zusätzlichen Überraschung bei euch bedanken!

Bereits erschienen

Von Rose Bloom bereits erschienen:

Bad Girls: Gwen & Mike 1
Bad Girls: Gwen & Mike 2
Bad Girls: Charlotte & Kian

Merci Paris - Liebe auf den ersten Klick
Rollercoaster - Liebe ohne Plan
Stolen Love
Vier Brüder: Aiden

21723748R00181

Printed in Poland
by Amazon Fulfillment
Poland Sp. z o.o., Wrocław